いちばん親切でおいしい
IHクッキング・レシピ

脇 雅世
Masayo Waki

いちばん親切でおいしい

IHクッキング・レシピ

目次

Chapter 1

IHクッキングの基本がわかる

入門編

焼く

炒める

煮る

ゆでる

蒸す

揚げる

Chapter 2

ＩＨを使いこなしてレパートリー広がる

中級編

おもてなしレシピ

お菓子作りに差がつく ＩＨ調理テクニック

ご飯物

ＩＨと調理器具のお話

ＩＨ調理　テクニック・ノート

ＩＨメンテナンス術

ＩＨ調理のルール

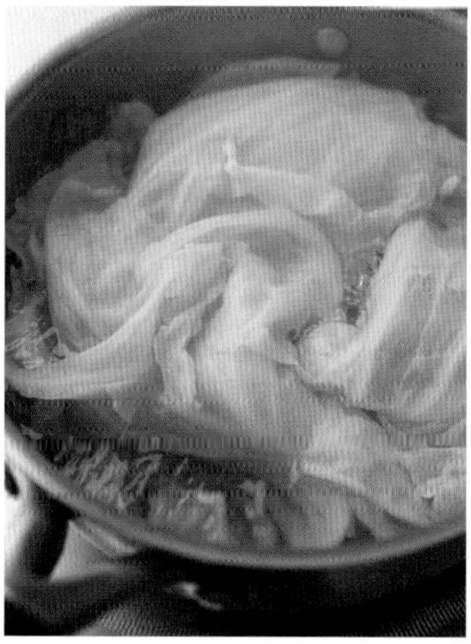

Chapter1 後述レシピ

コラム

この本のルール

◆火加減はIHの火力W数に基づき、10段階で表記しています（P11参照）。

◆計量の単位は、小さじ1＝5mℓ、大さじ1＝15mℓ、1カップ＝200mℓ。米1合＝180mℓです。

◆野菜の分量は、個数と重量を併記しているところもありますが、個数は目安で、（　）内のグラム数が指定の分量です。

◆調味料：とくに表記がない場合、醤油は濃口醤油、味噌は米味噌、砂糖は上白糖、酒は日本酒、みりんは本みりん、塩は天然のにがりを含むものを用いています。

◆油：オリーブ油と書いているものは、すべてエクストラ・ヴァージン・オリーブオイルです。また、油とだけ記載のものは、米油、菜種油、ひまわり油、炒っていないごま油など好みの植物性油を使ってください。加熱するものは加熱に適した油を使ってください。

◆バターとあるのは食塩不使用のバターです。

◆生クリームの％は指定の乳脂肪分を表しています。

◆卵はM玉を使用しています。

◆だし：単にだしと表記しているのは、かつお節のだしで、こぶだしとは区別しています。

だしのとり方（少量の場合）

だし100mℓ＝削り節1パック(3～4g)＋熱湯110mℓ

削り節を耐熱カップに入れ、熱湯を注いで1～2分おき、茶こしなどで漉す。

◆鍋について

これはＩＨに限らずですが、火加減や調理時間などは鍋の形状やサイズによって異なります。本書で使用したＩＨ用の鍋の一覧は以下の通り。ℓ数は満水容量です。

・フライパン（25cm、18cm、15cm）フッ素樹脂加工
・中華鍋（28cm）フッ素樹脂加工
・卵焼き器（14cm×19cm）フッ素樹脂加工
・片手鍋（18cm：2.0ℓ、15cm：1.0ℓ）ステンレス
・W角鍋（28cm×22cm：3.3ℓ）ステンレス
・浅型両手鍋（23cm：2.5ℓ）ステンレス
・深型両手鍋（23cm：4.1ℓ）ステンレス
・両手鍋（15cm：1.4ℓ）ステンレス

以上、o.e.c.ブランド（貝印株式会社）

はじめに

ＩＨとガスとでは料理のレシピが変わります

　私はキッチンスタジオを開設した時から二十数年間、ＩＨクッキングヒーターを使っています。一方、自宅では「ガスコンロ」で調理しています。料理家として両方の熱源でレシピが試せることからの選択ですが、両者の長所も短所も自分なりに理解していると思っています。

　ガスコンロの構造はいたってシンプル。おくどさんや囲炉裏に鍋釜をのせていた加熱方法とさして変わりません。ただ、薪や炭などと違って弱火から強火まで火加減ができ、近年ではタイマーや温度センサーつきのものも出回っています。かたやＩＨヒーターはガスコンロとはまったく異なる加熱方法です。その特徴を理解せず、ガスコンロと同じように使うと戸惑うことが多いはずです。

　「ＩＨはガスコンロと違って炎が見えないので火加減がうまくできない」「ＩＨは火力が弱くて中華料理はうまくできない」「ガスコンロで作っていた時に上手にできたカレー、肉じゃが、卵焼きが同じ味に仕上がらない」等々。

　「年寄りには安全だからと言われてＩＨにしたけれど、前のように上手く料理できないのでまたガスコンロに変えた」という人までいらっしゃいます。これはＩＨが便利で安心だからと変えたものの、ＩＨの理解が充分でなかったことが招いた結果です。

　加熱道具が変われば調理法は変わります。さらに最近のＩＨはオートメニューが充実。炊飯機能あり、和洋中の料理レシピありで、誰でも簡単に調理できるとされています。新しい機能がついて進化を続けるＩＨヒーターのポテンシャルは実に高いものがあります。でもＩＨの取り扱い説明書を読んでみても今ひとつピンとこない。オートメニューだけで毎日の用が足りるものではないですし、むしろ、もっとベーシックな使い方が知りたい、オートではなくマニュアルではどう使うのが正解なのかを知りたい……。本書はそんなニーズに応えようと企画したものです。

　現在出版されているレシピ本のほとんどは「ガスコンロ」で調理することが前提ですが、この本では、火力や加熱時間の表記もすべてＩＨ調理に合わせています。もちろん掲載した料理はＩＨで作られた、正真正銘、ＩＨによる、ＩＨのためのレシピ集です。

　ＩＨのメリット、デメリットを具体的に説明しながら「弱点を克服する方法」と「長所をフルに活用する方法」を実際のレシピを通して展開していきます。

　ＩＨを使って〝もっと快適においしく〟、そして〝ガスでできた以上に上手に作れること〟を実感していただければ嬉しいです。

脇 雅世 Masayo Waki

料理家。東京生まれ。1977 年に渡仏し、ル・コルドン・ブルーやマキシム・ド・パリなどで学ぶ。1984 年に帰国、服部栄養専門学校国際部ディレクターとして活躍。1991 年より「脇雅世料理教室」を主宰。ジャンルも和洋中と幅広く、家庭で作りやすいレシピが好評を博す。一方でIHクッキングヒーターや低温調理器の使いこなしを分かりやすく提案し、家庭料理にも調理科学に基づく考え方の必要性を提唱する。そのバックボーンからIH用調理器具を貝印株式会社と共同開発し、2008年よりo.e.c.シリーズとして展開している。

ＩＨってどんなもの？　今日からＩＨライフ

加熱の仕組みを知って、頭を切り替えよう

ＩＨ加熱の仕組み

料理を始める前に、まず知っていただきたいのは、ガスコンロとＩＨクッキングヒーターは加熱方法が根本的に違うということです。

ＩＨとは「Induction Heating」の略称で正確には「電磁誘導加熱」と翻訳されます。ちょっと難しい言い方ですね。ガスコンロは直接、炎で調理器具を熱します。従って火のあたる鍋底、側面、取っ手まで全体が熱くなります。

それに対してＩＨは、ヒーターの台（トッププレート）の下に渦巻き状の磁力発生コイルがあり、電気を流すとこのコイルから強力な磁力線が発生し、その磁力線がトッププレートを通って上に置かれた鍋底の金属を発熱させ、鍋の中のものが熱くなります。

つまり、鍋の底自体がヒーターのように発熱するのがＩＨの仕組みです。鍋を置かないと熱が発生しないですし、鍋を離すと熱が消える。そして、鍋底だけが熱くなり、側面や取っ手は熱くならない。年配の方やお子さんも安心して使えるということなのです。

ＩＨは熱効率が抜群

エネルギー面から見るとガスコンロの熱効率は40～55％なのに対してＩＨは80～90％。倍近く効率がよいのです。とはいえ、ＩＨでガスコンロの時と同じレシピで作るとおいしくできないという悩みもよく聞きます。たとえばカレー。いつものレシピで作ると水っぽくなり、うまく煮詰まりません。理由は、ＩＨでは鍋肌が炎で加熱されないため水分蒸発量が半減するから。そこでＩＨで作る時には、だしや加える水分を2割がた減らします。また、鍋内温度上昇をよくするために蓋を活用して対流を促すなど、ＩＨクッキング向けにちょっとした工夫をします。

私がＩＨをすすめる理由

もちろん、ＩＨにはガスコンロでの調理を上回るメリットがたくさんあります。

最大のメリットは火力の幅の広さです。強火はガスの強火より強く、とろ火はガスの弱火よりずっと弱く、自在に火力設定できます。

次のメリットは安全面です。ガスと違い直火ではないので衣服に火が移ったり、手元が熱であおられたりする心配がないので、落ち着いて調理ができることです。

調理中の燃焼から発生する汚れや水蒸気が少なく、結露や部屋のカビを回避することができて室内もクリーンで快適。

そしてフラットなトッププレートは、通電しない部分に物を置いたり、調理台として使ったりが可能で、キッチンがとても快適な空間になることです。

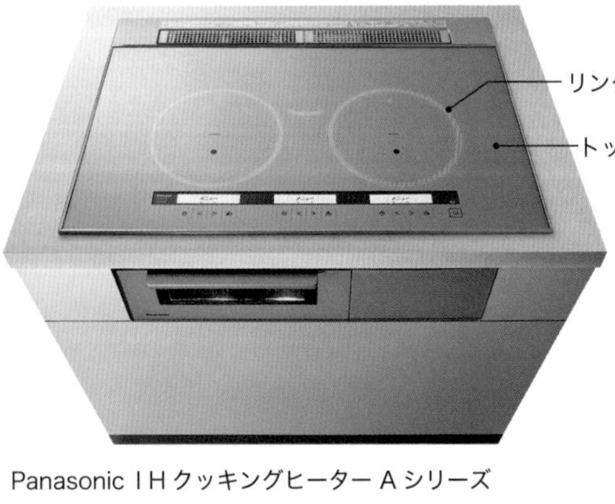

Panasonic ＩＨクッキングヒーター Ａシリーズ

IH加熱の仕組み

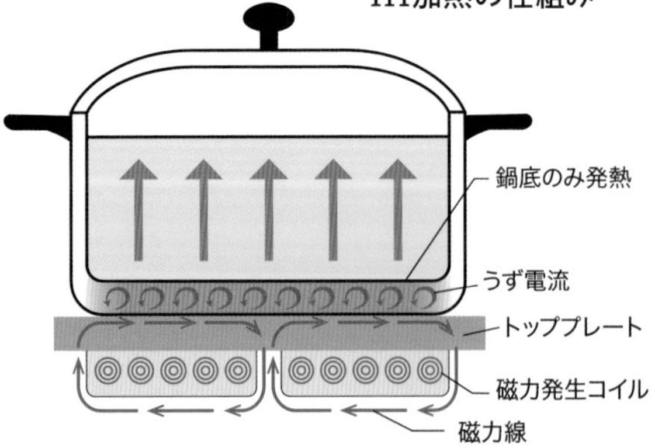

ＩＨ調理のポイント３

ＩＨを賢く使うには、３つのポイントをおさえましょう。

火力

一番弱い「とろ火」からマックスの「極強火」まで自在な設定。

ＩＨは鍋底自体が発熱して加熱調理するところがガス火との最大の違い。ＩＨの火力の幅は、ガスコンロよりも広いのです。強火はガスの強火よりも強く、とろ火はガスのとろ火よりずっと弱いということです。強火で一気に炒めたり、お湯を沸かしたり、とろ火で長時間煮込んだり、保温することが可能です。

水量

ガスでの従来のレシピよりも少なめに。

磁力線の力によって鍋底が発熱するＩＨでは、ガスコンロのように鍋の周りから炎であぶられることがないので、水分の蒸発が少なくなります。長時間煮る煮物やカレーなどは蒸発量がガス火と比べ少ないため、調味料の分量はそのまま、加えるだしやスープ、水などを２割程度控えましょう。

蓋

鍋内温度上昇をよくするため、蓋を上手に活用。

鍋底が発熱するＩＨは、ガスコンロのように側面から伝わる熱がありません。鍋の中の熱を効率よく使うためにも蓋で調節することが大切です。ガス火の時よりも蓋使いが熱の通りを大きく左右します。鍋の中で大きな対流が起きにくいので、煮物などでは煮汁を全体に行き渡らせるために落とし蓋をして補います。

調理法と火加減の目安とコツ

ＩＨクッキングヒーターで安全、快適に調理するために

調理用ＩＨヒーターのタイプ

①ＩＨクッキングヒーター（ビルトインタイプ）②ＩＨクッキングヒーター（据置タイプ）③卓上ＩＨ調理器の３つがありますが、本書では①と②のタイプを使うことを想定してレシピを作っています。電気容量の制約やメーカーごとの機種により、火加減のパワー設定に違いがあるので、使用される機種の取り扱い説明書をご確認ください。本書ではPanasonic製ビルトインタイプを使用しています。

ＩＨ調理、その火加減と目安

ＩＨクッキングヒーターは揚げ物や焼き物などの自動温度調節機能を使う場合、調理中の温度設定が一定にできること、また、ガスコンロに比べ、火力の幅が広いことが最大の特徴でメリットです。

本書レシピでは、火加減（火力）を10段階に分けて表記しています。具体的には、とろ火・弱火弱・弱火・中火弱・中火・中火強・強火弱・強火・強火強・極強火です。これは消費電力のＷ数別に分けたもので、左ページのように最弱の「とろ火」（１１０Ｗ）から最強の「極強火」（３０００〜３２００Ｗ）までの10段階です。

Ｗ（ワット）はＩＨヒーターの消費電力を表すものですが、火力表示は、機種によって違いがあります。主なメーカーの火力表示とＷ数を一覧にまとめましたので、参考にしてください。

また、ＩＨでは鍋自体が電気抵抗を起こし発熱する構造なので、使用する鍋とＩＨクッキングヒーターの相性でも火力に差が出ます。調理しながら、鍋の中の状態を見て確認することも大切です。

ＩＨ加熱で注意したいこと

【３つ口のヒーター】　ＩＨのビルトインタイプには通常３つ口のヒーター（リング）がありますが、それぞれ出力Ｗ数が違うので使用の際に確認を。出力Ｗ数が異なると料理の仕上がりが違ってくる可能性があります。

【揚げ物は適正温度で】　揚げ物は設定Ｗ数が異なると必要以上に焦げたりする可能性があるので適温とされる温度帯を守ってください。

【突沸（とっぷつ）注意】　シチューやカレーなど濃度のあるものを混ぜないで鍋で温めると、突然液体がボコッと沸いて中身が飛び出す現象（突沸）が起こる場合もあるので、くれぐれも注意してください。この突沸はＩＨに限らず、電子レンジ、ガスコンロでも起きます。いずれの場合も回避するには混ぜながら温めることです。

【予熱を必要とする場合】　本書レシピでは予熱の有無を明記していますが、事前に鍋を予熱する必要のある料理があります。予熱は７００〜１０００Ｗの範囲で行います。

【加熱ムラ】　内部にあるコイルに通電させて鍋底を発熱させる構造のＩＨ加熱では、トッププレートのヒーター（リング）に接する鍋底の中心は周りより温度が高くなるため、加熱ムラが起こる場合も。ムラは鍋の形や大きさで変わります。均等に焼き色をつけたい時は鍋の位置をヒーター（リング）内で動かすなどします。

ほかにもポイントやコツなど注意してもらいたい項目をレシピ内やコラム等、随所でご紹介していきます。

ＩＨクッキングヒーターの火力換算表

ＩＨは炎が見えないので「どのくらいの火力が出ているのかわかりにくい」という声をよく聞きます。ここではこの本で使用する火加減の表記を、ＩＨクッキングヒーターの主なメーカーの火力表示の数値とＷ数を一覧にして、火力の目安となるようにしました。
表の最下段にある「ガスの火力帯」を見ると、ＩＨは強火も弱火もガスより幅が広いのがよくわかります。

この本では、ＩＨの火加減をこのように表記しています

IHヒーター消費電力	110W	235W	370W	500W	700W	1000W	1450W	2000W	2500W	3000〜3200W
この本の火加減表記	とろ火	弱火弱	弱火	中火弱	中火	中火強	強火弱	強火	強火強	極強火

ビルトインＩＨ

Panasonic

火力表示		1	2	3	4	5	6	7	8	9
火加減表示	とろ火	弱火		中火			強火			

HITACHI

火力表示	1	2	3	4	5	6	7	8	9	10	11	12
火加減表示	とろ火	弱火				中火				強火		

MITSUBISHI

火力表示	1	2	3	4	5	6	7	8	9
火加減表示	弱火		中火			強火			湯沸し

卓上ＩＨ 100V

	75W	150W	260W	450W	700W	900W	1400W
火力表示	1	2	3	4	5	6	7
火加減表示	とろ火	弱火		中火			強火

比較：ガスの火力帯	弱火	中火	強火

・上の表は主なメーカー別に、火力と火加減を併記したものです。
・この本で使用したＩＨクッキングヒーターは、Panasonic 製です。Panasonic 製の火力表示は、とろ火と１〜9の 10 段階になります。
・火力換算表の見方：例えばこの本の火加減「中火弱」は 500W。これに相当するものをビルトインＩＨで見ると、Panasonic では３〈中火〉、HITACHI では５〈弱火〉、MITSUBISHI では３〈中火〉となります（数字は各社の火力表示、〈　〉は火加減表示）。
・ビルトインＩＨの消費電力（W 数）は、三つ口タイプの左右ＩＨヒーターの数値です。
・本表は、ビルトインＩＨは Panasonic（KZ-AN77S）、HITACHI（HT-M350KTWF）、MITSUBISHI（RE-321SR）、また卓上ＩＨは Panasonic（KZ-PH34）をもとに作成しました（2023 年１月調べ）。

IHの予熱チェック方法

IHユーザーの方から、鍋が温まったかどうかわかりづらいという声をよく聞きます。ここでは5つの予熱チェック方法をご紹介します。鍋の種類や作る料理によって使い分けてください。

水を入れて沸かす

フッ素樹脂加工のフライパンは空焚きすると鍋が傷んでしまうので、この方法で。底を覆うくらいの量の水を入れて強火にかけ、水が沸いたら鍋は100℃になっています。湯を捨てて調理スタート。

水をはじかせる

ステンレスや鉄、多重構造の鍋やフライパンに適した方法。火にかけた鍋に少量の水をたらし、水が玉になってコロコロころがったら予熱完了の合図。写真はまだ待ったほうがよい状態。ぷるっと球になったらOK。

手をかざす

低温で予熱をかけるなら、鍋に手をかざして、温かいと感じれば予熱完了。最も簡単な方法です。フッ素樹脂加工のフライパンでもできる方法です。

予熱は中火が基本です

予熱にかける場合、強火はNG。鍋自体が発熱する仕組みのため、鍋やフライパンに負担がかかり、ひどい時には変形することも。予熱は中火約1分が基本です。またフッ素樹脂加工のフライパンの場合は、空焚きしないように。このページでご紹介しているように、調理によって水を沸かしたり、あらかじめ油やバターを入れたりして鍋を温めます。蓋をして余熱をかけると側面までしっかり温まります。

バターの色で見る

油をひいた鍋を中火にかけ、ほんの少しのバターを落とします。バターの色が茶色くなってきたら、鍋も油も、焼いたり炒めたりできる温度なので、すぐに材料を入れてOK。フッ素樹脂加工のフライパンでも使える方法です。

油の煙で見る

あらかじめ冷たいフライパンに油を入れて中火で加熱し、フライパンからうっすら煙が上がってきたら材料を入れます。これは高温で焼いたり、炒めたりする時の方法です。

Chapter 1

IHクッキングの基本がわかる

入門編

この章では毎日の気取らないおかずを中心に、調理法別でご紹介しています。IH の使い方が自然と身につき、いつもの和洋中のおかずもブラッシュアップできたら嬉しいですよね。20 数年間、IH を使ってきた経験をもとに、私の十八番レシピと調理のコツをまとめました。どうぞ今晩のおかずから試してみてください！

- □ 焼く
- □ 炒める
- □ 煮る
- □ ゆでる
- □ 蒸す
- □ 揚げる

ＩＨで作るメリットと失敗リカバリー術

ＩＨとガスとの基本的な違い。トリセツ（取り扱い説明書）には書かれていない私の経験に基づくメモとしてご一読ください。従来のガスコンロのつもりでやって失敗しがちなこともあれば、ＩＨだからこその調理メリットもあります。

焼く

（餃子、ステーキ、ハンバーグ、焼き魚、卵料理など）

炒める

（野菜、炒飯、きんぴらなど）

ＩＨと調理器具の相性を見極める

・ＩＨに向いた鍋（底面の発熱と側面への熱伝導のよいもの）を選ぶ。

・ＩＨ適応と表示されている鍋でも、同一基準ではない。

・ＩＨに反応のよすぎる鉄鍋、鋳物鍋は焦げやすいので要注意。

・オーブンペーパーを敷いて加熱する場合、フッ素樹脂加工の鍋などは空焚きになり、傷みやすい。

ＩＨヒーター（リング）に置いた鍋底の発熱温度にはムラがある

・鍋底の中心と周りでは、発熱温度は均一ではない。

・鍋底の口径とＩＨヒーター（リング）設置面の口径に差があると温度ムラができる。

・鍋中の食材の位置を変えながら調理するか、鍋の位置をヒーター（リング）内で動かす。

蓋を上手に使う

・短時間で鍋内温度上昇を図るため、蓋を活用。

フライパンや鍋を振ることができない

・鍋底がヒーター（リング）から離れると通電しない。

・そもそも鍋底がフラットではない中華鍋はＩＨでは使えない。

・鍋をヒーター（リング）上に置いて、へらを２本使って炒飯を作るなど、調理法を変える。

燃焼に伴う上昇気流が少ないから調理がラク

・鍋の上の熱さは感じにくいので、加熱中に調味料を入れる作業も慌てずにできる。

煮る

（カレー、シチュー、肉じゃがなど）

水分量はいつものレシピの2割減

・加熱時の水分蒸発量が少ないため、ガス用レシピに書かれている水分量から2割差し引く。

落とし蓋を使う

・水分量を減らしているので、煮汁を効率よく行き渡らせるためにアルミホイルの落とし蓋を使う。

・必要に応じて、落とし蓋＋蓋で水分蒸発量を調整。時短にもなる。

煮くずれしにくい

・ＩＨでは対流が起こりにくいので、じゃがいものような煮くずれしやすい素材が面取りしなくてもきれいに仕上がる。

・あえて煮くずれを味わいたい時は最後にへらで好みの加減に。

ＩＨ内蔵タイマーの活用

・煮豆など、とろ火で長時間煮込む調理や保温に利用する。

ゆでる

（野菜、麺類など）

湯が沸くのがとにかく早い

・強火強で。湯量がたっぷりの時、急いでいる時は極強火で沸かす。

燃焼に伴う上昇気流が少ないので、調理がラク

・茎と葉でゆで時間の異なるほうれん草など、葉を持ってゆでても手が熱くならない。

・そばやパスタなど、ゆで具合をチェックするために1本取り出すのもラク。

蒸す

（しゅうまい、茶碗蒸し、魚介など）

ＩＨの強い火力で一気に素材に蒸気が通る

・中華点心や魚介の蒸し物が、とにかくおいしくできる。

強火～弱火の火加減が自在に、正確に調節できる

・蒸し板（スチームプレート）＋鍋で蒸す、といった水が少ない調理もラク。

・蒸し器を使わず、鍋の湯に浸けて蒸す地獄蒸しも上手にできる。

炎がないから布巾が焦げない

・水滴が落ちるのを防ぐために、布巾を蓋の下にかけても引火する心配がない。

揚げる

（春巻き、天ぷら、カツなど）

ＩＨの揚げ物設定により温度を細かく指定でき、一定が保てる

・天ぷらなど素材別に揚げる調理に便利。

温度復帰が早い

・一気にたくさん揚げることができる。

・冷凍の揚げ物も上手にできる。

重いものは鍋底で焦げやすい

・沈んでも鍋底で焦げないようオーブンペーパーにのせて油に入れる（かき揚げなど）。

・食材のサイズを工夫して揚げる（ひと口カツなど）。

揚げ物もクリーンにできる

・油煙が少ない、空気の汚れや匂いが少ないなど、燃焼に伴う上昇気流が少ないから、換気扇もきれいに保てる。

焼く

炎はなくても、おいしく、きれいに焼けます。
IHならではの安定の温度設定に、
ちょっとした調理テクニックで補います。

自慢の手作り餃子、きれいな焼き色も思うまま

焼き餃子

材料（25個分）

キャベツ…2～3枚（150g）
塩…小さじ1/2
にら…1/2束（50g）
ねぎ…15㎝長さ（25g）
豚ひき肉…150g

A
- 生姜（すりおろし）…1かけ分
- にんにく（すりおろし）…1/2片分
- 味噌…大さじ1/2
- 塩…小さじ1/4

ごま油…大さじ1/2
餃子の皮…25枚
油…大さじ2

25㎝フライパン

餃子を作る

1 キャベツはみじん切りにし、塩を加えてもみ、しんなりしたら水気を軽く絞る。にらとねぎは細かく切る。

2 ボウルに豚ひき肉、**A**を入れて、手でよく混ぜる。ごま油、**1**を加えてよく混ぜる。

3 餃子の皮の中央に25等分にした具をのせ、皮の縁2/3に水をつけてこの部分にひだを寄せながら残り1/3の部分に貼りつける。

IH調理（フライパンの位置を変えながら焼く）

4 フライパンの底にまわるくらいの水を入れ、蓋をして**中火強**にかける。1分ほど沸騰したら湯を捨て水気をサッと拭いて大さじ1と1/2の油をひき、餃子を並べる。
湯を沸かすことでフライパン全体にまんべんなく予熱をかける。餃子のようにムラなく焼き色をつけたい時のテクニック。

5 **中火強**で、焼き色がつくようにフライパンの位置を変えながら焼く。
鍋底の中心と周りでは発熱温度にムラがある。焼き色を均一にするため動かす。

6 全体に焼き色がついたら水70mlを加え、蓋をして**中火強**で、3～4分蒸し焼きにする。

7 蓋を外し、残りの油を足して完全に水分が飛ぶまで焼き、器に盛る。
盛る時は、フライパンに皿をかぶせて上下を返して、フライパンを取り除く。失敗のないように皿をかぶせる前にフライパンを前後左右にゆすって餃子がフライパンに貼りついていないことを確認するとよい。

左：焼き色を均一にするためフライパンの置く位置を変えながら焼く。
中：途中で加える水は少なめ。IHは水分の蒸発量が少ない。
右：差し水は、火力の強い鍋の中央部に多めに入れると、強い蒸気が立ちやすく効果的。

パリッと皮目を焼けばシンプルかつ極上のひと皿

鶏もも肉ソテー

材料（2人分）
鶏もも肉…1枚（約300g）
塩…鶏肉の重量の1％（小さじ2/3）
こしょう…少々

リーフレタス…適宜
25㎝フライパン

フライパンに予熱をかけず、鶏肉は皮をきれいに伸ばして置く。

パリッと焼くために重し代わりに鍋を使うアイディア。

下ごしらえ

1 鶏もも肉は余分な脂を取り除く。ポリ袋に入れて塩を加え、15分ほど室温においてなじませる。鶏肉から出た水分をペーパータオルで拭く。

IH調理（フライパンで、重しをのせて焼く）

2 フライパンは予熱をかけず冷たいまま、鶏肉の皮を下にして置く（a）。肉の上にオーブンペーパーを置き、重しとして軽い鍋をのせ（b）、**中火**にかける。肉の焼ける音がしてきたら**中火〜中火強**で約12分焼く。

3 裏返し1〜2分**中火**で焼いたら、もう一度皮目を下にして、こしょうをふってから鶏肉を取り出す。

4 冷めないように3分ほどおいて切り分け、器に盛り、レタスを添える。
肉を取り出したら、木のボードなどの上に置き、ボウルで覆うと保温できる。保温のためにアルミ箔で包むのは、蒸気が肉にまわるので避けたほうがいい。

マリネしてしっとり焼き上げるスパイス料理

鶏胸肉のタンドリーチキン風

材料（2人分）

鶏胸肉…300g

ヨーグルト…80g

A
- 塩…小さじ1弱
- レモン汁…小さじ1
- トマトケチャップ…小さじ2
- にんにく（すりおろし）…1片分
- 生姜（すりおろし）…1かけ分
- ミックススパイス＊
  - クミンパウダー…小さじ1
  - パプリカパウダー…小さじ1
  - ターメリック…小さじ1/2
  - こしょう…小さじ1/3
  - ガラムマサラ…小さじ1/2

油…小さじ2

香菜…適宜

＊ミックススパイスはカレー粉大さじ1強に変えてもよい。

直径23㎝浅型両手鍋（容量2.5ℓ）

鶏肉を漬け込む

1 鶏胸肉は皮を取り除き、大きめのひと口大に切る。

2 ヨーグルトはペーパータオルを敷いたザルに入れ、約1時間水気を切る。

3 ポリ袋に**2**と**A**を混ぜ合わせ、**1**の肉を入れて漬け込む（できれば冷蔵庫に3時間以上おく）。

IH調理（鍋にオーブンペーパーを敷いて焼く）

4 浅鍋にオーブンペーパーを敷いて、油をひき鶏肉を並べ入れる。
フッ素樹脂加工のフライパンにオーブンペーパーを敷くと空焚きになり傷むため、ステンレスの鍋がおすすめ（ステンレス鍋も使用後に黄ばむが、クレンザーで洗うなどすればメンテナンス可能）。

5 中火にかけ、鶏肉の周りが白っぽくなるまで約5分焼く。肉を裏返し、**中火弱**で同じように4～5分焼く（a）。器に盛り、あれば香菜を添える。

たれやペーストがついて焦げやすい肉は、オーブンペーパーを敷き込んだ鍋で焼く。このような場合、フッ素樹脂加工のフライパンを使うのは避ける。

わが家の定番おかずをIHでもっとおいしく

豚の生姜焼き

材料（2人分）

豚ロース肉（生姜焼き用）…200g
塩、こしょう…各少々
薄力粉…適量
ピーマン…1個（45g）
玉ねぎ…小1/2個（90g）

A
- 醤油…大さじ1と1/2
- 酒…大さじ3
- 生姜（すりおろし）…小さじ2

油…適量

25㎝フライパン

下ごしらえ

1 玉ねぎは5㎜厚さに、ピーマンは種を取り除き同様の厚さに切る。

2 豚肉は片面だけに塩、こしょうをふり、全体に薄く薄力粉をまぶす。余分な粉は落とす。

3 小さなボウルに**A**を合わせておく。

IH調理（フライパンで焼く）

4 油小さじ1を入れて予熱をかけたフライパンに玉ねぎを入れ、**中火**でしんなりするまで炒めたら取り出す。

5 油小さじ1～2を足して肉を並べ入れ、**中火強**で両面に焼き色がつくように焼く。
一度に並び切らない時は、焼いた肉を重ねて鍋の端に集める。重ねた肉の下の鍋底をIHリングから外せば、焼きすぎを防げる（a）。

6 玉ねぎを戻し入れ、ピーマンと**A**を加える（b）。**中火**で全体にからめるように混ぜ込み、トロリとしたら火を止め、器に盛る。

量が多い時は、フライパンをIHリングからずらして、手前で肉を焼き、焼いた肉を向こう側に重ね置く。

たれ投入時もIHリングからフライパンを外して加えからめる。スライドするだけなのでラクラク。

イタリアンのひと皿を手軽にアレンジして

豚ヒレのサルティンボッカ

材料（2人分）

豚ヒレ肉…250 g
生ハム…2～3枚
セージの葉…10枚
薄力粉　適量
オリーブ油…小さじ2
白ワイン…大さじ2
塩…小さじ1/4
こしょう…少々
バター…大さじ1（約12g）
レモン汁…大さじ1/2

25cmフライパン

下ごしらえ

1 豚ヒレ肉は1cm強の厚さに切り、片面に軽く塩、こしょう（分量外）をふる。生ハムは豚肉のサイズに合わせて1枚を3～4等分しておく。豚ヒレ肉を裏返して生ハムとセージの葉をのせ、楊枝で縫うように留める。

2 全体に薄く薄力粉をまぶし、余分な粉は落とす。

IH調理（フライパンで焼く）

3 オリーブ油を入れて予熱をかけたフライパンに豚肉をセージの面を下にして並べ入れ、中火で軽く焼き色がつくように両面を焼く。白ワインと水大さじ3を加えて煮立て、塩、こしょうで味を調える。

4 フライパンを火から外し、レモン汁と冷たい角切りのバターを加えて混ぜ溶かし、仕上げる。器に盛る。

Column

ステーキを焼く時の目安

2㎝厚さの肉の時は片面2～3分、裏返して1～2分。蓋をして30秒。1㎝厚さの時は片面1分30秒ずつ。蓋はしない。肉の表面にうっすら肉汁がしみ出てきたらミディアムレアの焼き上がりの目安。フライパンで焼いた時間と同じだけ、保温して肉を休ませる。

厚切りステーキをイタリア風サラダ仕立てに

牛肉のタリアータ

材料（2人分）

牛肉ステーキ用
（2㎝厚さのサーロイン）…300 g
塩…適量
油…小さじ2
バター…小さじ2（約8g）
ベビーリーフ…適量
パルミジャーノ・レッジャーノ…適量
粗びき黒こしょう…少々
25㎝フライパン

下ごしらえ

1 牛肉は室温に戻しておく。焼く寸前に肉の片面のみに塩をふる。

IH 調理（フライパンで焼き、アロゼする）

2 フライパンに油とバターを入れて**中火**にかけ（a）、バターの泡がおさまったら塩をふった面を下にして肉を入れ（b）、3分焼く。塩をふってから裏に返して3分、フライパンに溜まった脂をスプーンなどでかけながら焼く。
バターや油脂を肉にまわしかけながら焼くことを「アロゼ」という。この場合、蓋はしなくてもよい。アロゼをしない焼き方はP22参照。

3 肉は6分ほど保温し、肉汁を落ちつかせてから好みの厚さに切る。
肉を木のまな板にのせ、ボウルなどをかぶせて保温するのがおすすめ。アルミ箔で包むのは蒸気が肉にまわるので避けたいほうがいい。

4 ベビーリーフと一緒に皿に盛り、上からパルミジャーノ・レッジャーノを削りかけ、粗びき黒こしょう、塩各少々を散らす。

バターは火を入れると中の水分が泡立つのでおさまるまで待つ。

肉は塩をふった面を下にしてフライパンに入れる。

牛こまも目先を変えて焼肉風に

プルコギ

材料（2人分）

牛こま肉…250g
A
にんにく（みじん切り）…1片分
生姜（みじん切り）…1かけ分
ねぎ（みじん切り）…1/3本分
白炒りごま…小さじ1
ごま油…小さじ1
砂糖…大さじ1弱
味噌、醤油…各大さじ1/2
サラダ油…大さじ1

サンチュの葉…適量
25㎝フライパン

下ごしらえ

1 ボウルに牛肉を入れ**A**を加えてよく混ぜる。

IH 調理（フライパンで焼く）

2 サラダ油を入れて予熱をかけたフライパンに、**1**の牛肉を入れ、**強火弱**で鍋底に広げながら短時間で焼く。

3 器に盛り、サンチュを別に添え、葉で包みながらいただく。

ふっくらジューシーに仕上がる
焼き方をマスターして

ハンバーグ

材料（2人分）

玉ねぎ…1/3個
合いびき肉…250g

A
- 生パン粉…15g＊
- 牛乳…大さじ1
- ナツメグ、こしょう…各少々
- 塩…小さじ1/2
- 全卵（溶く）…1/2個分（30g）

サラダ油…小さじ1

B
- トマトケチャップ…大さじ2
- ウスターソース…大さじ1
- 水…大さじ2

付け合わせ
にんじんグラッセ、さやいんげんの塩ゆで
（P127参照）

＊生パン粉は食パンを細かくしたものを使用。

25cmフライパン

ハンバーグのたねを作る

1 玉ねぎはみじん切りにし、耐熱ボウルに入れる。ラップをして電子レンジ（600W）に3分かけ、粗熱を取る。

2 別のボウルにひき肉、**1**の玉ねぎ、**A**を加え、菜箸でよく混ぜて2等分にし、小判形に作る。
菜箸で混ぜるのは、手でこねるとこねすぎるのと手の熱で柔らかくなるため。成形する時、たねの中の空気を抜くように手でキャッチボールする。

IH調理（フライパンで焼き、水少々を加える）

3 フライパンにサラダ油をひいて**中火**で熱し、少し中央をくぼませたハンバーグを入れる。

4 焼き色がついたら裏返し、水大さじ3を加えて（a）蓋をする。**中火～中火強**で約10分焼き、ハンバーグを取り出す。
あまり弱い火加減だとふっくら焼けない。中火でも水を加えれば焦げる心配がない。

5 **4**のフライパンに**B**を入れ、**中火弱**でひと煮立ちさせてソースを作る。

6 器にハンバーグを盛り、ソースをかけ、付け合わせを添える。

水を加えて蒸気を上げながら焼くことで、焦げずにふっくらと仕上がる。

シニアにも喜ばれる軽やかな和の肉料理

れんこんバーグ照り焼き風

材料（2人分）

れんこん（スライス）…18枚（約40g）
れんこん（たね用）…80g
鶏ひき肉…200g

A
- 塩…小さじ1/3
- こしょう…少々
- 全卵（溶く）…1/2個分（30g）
- 生パン粉…10g
- 玉ねぎ（すりおろし）…1/4個分（40g）

B
- 砂糖…大さじ1と1/2
- 醤油…大さじ1
- 酒…大さじ1

油…小さじ1

付け合わせ
きのこのソテー（P127参照）

25㎝フライパン

れんこんバーグを作る

1 れんこんはスライサーで薄切りにした18枚は飾り用に取りおき、たね用の80gは粗みじんに切る。

2 ボウルに鶏ひき肉、**1**のれんこんの粗みじん切り、**A**を入れ、全体を手でよく混ぜ合わせる。

3 **2**を6等分にし、中の空気を抜くようにして形を整え、飾り用れんこんスライスを3枚ずつ上に貼りつける（a）。

IH調理（フライパンで焼き、たれをからめ煮る）

4 油をひいて予熱をかけたフライパンに**3**を並べ入れる。れんこんの飾りが下になるように置き、中火にかけ、きれいな焼き色がついたら裏返す。

5 **B**と水大さじ3を加え、中火弱にして蓋をして約8分、れんこんバーグがふっくら膨らんで中まで完全に火が通るように焼く。
途中で様子を見て、水分が足りないようなら水を足す。

6 焼き上がったら蓋を取り、たれに艶が出るように煮詰める。器に盛り、付け合わせを添える。

たねの上にれんこんスライスをのせて。太さによって半分に切っても。

魚の干物や西京焼きは、オーブンペーパーを敷き込んだ鍋で焼く。フライパンでも焼けるが、フッ素樹脂加工のフライパンにオーブンペーパーを敷くと空焚きになり傷む。ステンレス鍋も使用後に黄ばむが、クレンザーで洗うなどすればメンテナンスも可能。

手作りの一夜干しで旨味もアップ

あじの干物

材料（2人前）

あじ（三枚におろす）…2尾
塩…適量
酒…大さじ1
油…小さじ1
大根おろし、醤油…各適量

直径 23cm浅型両手鍋（容量 2.5ℓ）

自家製干物を作る

1 ポリ袋にあじを入れ、身の重さの 1.5％の塩、酒と水各大さじ1を加えてなじませ、冷蔵庫に8時間ほどおく。

2 水気を拭き、ザルなどに並べ、ひと晩風通しのよいところで干す。

IH 調理（鍋にオーブンペーパーを敷いて焼く）

3 浅い鍋にオーブンペーパーを広げ置き、油をひく。あじは皮目を下に並べる。中火にし、身をターナーなどで軽く押さえながら焼く。皮目に焼き色がつき、火が通ったら裏返して焼く。

皮目8、身2くらいの気持ちで焼くとよい。

4 器に盛り、染めおろし（大根おろしに醤油少々をかけたもの）を添える。

鮮度のよいあじが手に入ったら自家製の一夜干しを。

西京漬けをふっくら焼くコツを伝授します

さわらの西京焼き

材料（2人前）

さわら（切り身）…2枚
塩…少々
西京味噌…大さじ4
酒…大さじ1
油…小さじ1
甘酢生姜…適量

直径 23cm浅型両手鍋（容量 2.5ℓ）

西京味噌漬けを作る

1 さわらは1枚を2つに切り、骨を取り除く。身の重さの 0.7％の塩を両面にふって冷蔵庫で2時間ほどおき、出た水分を拭く。

2 小さなボウルに西京味噌を入れ、酒を加えて溶きのばす。

3 ラップを広げ **2** を塗って魚をのせ、上からさらに **2** を塗り、個別に包む。

冷蔵庫に入れ2～4日目からが食べ頃。西京味噌漬けは冷凍可。冷凍するとひと晩でもよく味が染みる。

IH 調理（鍋にオーブンペーパーを敷いて焼く）

4 さわらは西京味噌をぬぐってさっと洗い、水気を拭く。

5 浅い鍋にオーブンペーパーを広げ置き、油をひく。魚を並べ入れ、中火にかける。魚の周りが白くなってきたら裏返し、蓋をして1分ほど焼く。火を止めそのまま1分蒸らす。

6 器に盛り、甘酢生姜を添える。

西京漬けなど焦げやすい魚は最後に火を止めて余熱で火を通すようにするとふっくら仕上がる。また、焼く時は冷蔵庫から出して魚を室温に戻すこと。

季節の魚を洋風メインディッシュに

めばるのポワレ

材料（1人分）

めばる（三枚におろす）…1尾
塩、こしょう…各少々
オリーブ油（または、油）…大さじ1

A
- 酢…小さじ1/2
- 醤油…小さじ1
- オリーブ油…小さじ2

付け合わせ
クイックラタトゥイユ（P127参照）
※魚はいさき、鯛、すずき、生鮭の切り身でも。皮が多くついたもののほうが向く。

25cmフライパン

下ごしらえ

1 めばるは下処理をして三枚におろし、全体に塩、こしょうをふり5分ほどおく。魚から出た水分を拭く。

IH調理（フライパンで焼く）

2 フライパンに予熱なしでオリーブ油を入れて魚を皮が下になるように置き、中火弱にかける。皮が反ってきたらターナーなどで軽く押さえる（a）。

3 中火にして魚の身が白っぽくなり皮がカリッとするまで約8分焼く。裏返したら身のほうはサッと焼く。

4 器に盛り、付け合わせを添える。Aを合わせたソースをまわしかける。

Column

魚の匂いが残らないフライパンのスッキリ術

魚の調理に使った鍋やフライパンは使用後洗っただけでは魚の匂いが残る（特にフッ素樹脂加工製品は残りやすい）。一度洗った鍋やフライパンの底にまわるくらいの湯を張り、1～2分沸騰させると次に気持ちよく使える。

旨味たっぷりトマトソースの隠し味は醤油

かじきのトマトバターソテー

材料（２人分）

かじき（切り身）…２枚（110g×２）
塩、こしょう…各少々
薄力粉…適量
トマト…１個
オリーブ油…小さじ２
にんにく（みじん切り）…1/2片分
醤油…小さじ２
バター…大さじ１（約12g）
青ねぎ（斜め切り）…適量
25㎝フライパン

下ごしらえ

1 かじきは太い棒状に切り、塩少々を全体にふってなじむまでおく。水気を拭き、こしょうをふって薄力粉をまぶす。余分な粉は落とす。

2 トマトはへたを取り、皮ごと1㎝のざく切りにする。

ＩＨ調理（フライパンで焼き、ソースと煮からめる）

3 フライパンにオリーブ油を入れて**中火**で予熱をかけ、かじきを並べ入れ、**中火強**で全体に焼き色をつける。

4 かじきをフライパンの端に寄せ、鍋底のあいているところがＩＨリングの中心に来るようにして、にんにくのみじん切りを入れて**中火**で炒める（a）。

5 にんにくの香りが立ってきたら、鍋をＩＨリングの中心に戻す。トマトを加えて**中火強**で軽くくずれるまで炒め、醤油を加え、**強火**で汁気を飛ばすように炒める（b）。
醤油を入れる時、フライパンの中身を周囲に寄せ、鍋底の中心をあけて注ぐ。

6 火を止めバターを加え、溶かし混ぜる。器に盛り、青ねぎを散らす。

煮詰めて仕上げる場合、調味料は中央に入れるのが鉄則。鍋の縁から液体の調味料を入れると火のまわりが遅く、香りが立たず水っぽい仕上がりになる。

弱火より中火でのほうが
おいしく仕上がる卵料理。
手早く巻き込むコツを
会得しましょう

しっとりした食感もご馳走

だし巻き卵

材料（2人分）

卵…3個
塩…小さじ 1/3
片栗粉…小さじ 1
だし…100㎖
サラダ油…適量

大根おろし、しょうゆ…各適量
14㎝×19㎝の卵焼き器

下ごしらえ

1 ボウルに卵を割り入れ、塩を加え、菜箸で白身を切るようにして溶きほぐす。
ボウルの底に箸先をつけて左右に動かすとよい。泡立てるのは NG。

2 1 に片栗粉を加え混ぜたら、だしを少しずつ加える。一度茶こしなどで卵液を漉す。

ＩＨ 調理（卵焼き器で焼く）

3 卵焼き器は底に薄くサラダ油を塗って中火にかける。卵液を箸先につけて落とし、すぐ固まるようになったら卵液の 1/3 量を流し入れる。
卵液は下に片栗粉が溜まるのでよく混ぜてから流す。

4 手前（もしくは向こう側）に半熟になった卵を寄せる。焼き色がつかないように手早くきちんと火を通す。

5 卵焼き器の鍋底にサラダ油を軽く塗り、残りの卵液の 1/2 量を流し入れる。この時もよく混ぜて入れること。先に焼いた卵の下にも卵液が入るように、箸で焼いた卵を持ち上げて流し入れる。

6 2 ～ 3 回卵液を焼いた卵の下に流し入れたら、巻く部分の卵が乾く前に巻き上げる。焼き色をつけないようにしっかり焼いたら、残りの卵液も同じように流し入れて焼く。

7 焼き上がったら巻きすやラップで包んで形を整え、切り分けて器に盛る。手前に染めおろし（大根おろしに醤油少々をかけたもの）を添える。

お弁当に、酒肴に喜ばれる甘辛味

厚焼き卵

材料（2人分）

卵…3 ～ 4 個
砂糖…大さじ 3 ～ 4
塩…少々
水…大さじ 1/2
ごま油…適量
14㎝×19㎝の卵焼き器

下ごしらえ

1 ボウルに卵を割り入れ、菜箸で溶きほぐす。砂糖、塩、水を加え砂糖を溶かすように混ぜ合わせる。
この時、決して泡立てない。

ＩＨ 調理（卵焼き器で焼く）

2 卵焼き器にごま油をひき、中火で予熱をかける。だし巻き卵と同じ要領で焼くが、こちらは焼き色がつくように焼く。

3 焼き上がったら巻きすやラップで包んで形を整える。切り分けて、器に盛る。

巻いた卵焼きの下に残りの卵液を流し込んだら、写真のように卵焼き器をスライドさせ、火を通したい部分をＩＨリング中央部に。逆に火をあまり通したくない部分はリングから外して置く。

卵焼きの側面（厚みの部分）を焼く時は、卵焼き器の端をＩＨリングの中央に置くことで側面に熱が伝わりやすくなる。ただしこれは、どの卵焼き器でも可能なやり方ではなく、鍋の材質によっては通電しなくなることもある。

ワインがすすむバスク風オープンオムレツ

ピペラド

a

材料（2人分）

玉ねぎ…1/4 個（50g）
赤パプリカ… 1 個（120g）
ピーマン…2 個（40g）
にんにく…1/2 片
トマト… 1 個（120g）
オリーブ油…大さじ 2
塩…小さじ 1/ 4

卵… 3 個
A 牛乳…大さじ 1 と 1/2
A オリーブ油…大さじ 1
A 塩、こしょう…各少々
生ハム… 2 枚
エスプレット唐辛子（粉）…適量

25cmフライパン
口径 18cm（底径 12cm）片手鍋（容量 2.0ℓ）

下ごしらえ

1 玉ねぎ、赤パプリカ、ピーマンは千切り、にんにくはみじん切り、トマトは湯むきしてざく切りにする。

IH 調理（野菜の蒸し煮を作り、フライパンで焼いた卵にのせる）

2 鍋にオリーブ油を入れて玉ねぎ、赤パプリカ、ピーマン、塩小さじ 1/4 を加え中火でしんなりするまで炒める。にんにくを加え、香りが出たらトマトを入れて蓋をし、10 分ほど中火弱で蒸し煮にする。蓋を取り、トマトの水分が減るよう少し煮る（a）。

3 ボウルに卵を溶きほぐし、A を加えてよく混ぜる。

4 フライパンにオリーブ油を入れて中火で熱し、3 を流し入れ、大きく混ぜて全体が半熟になったら（b）、2 の野菜の蒸し煮を入れ、卵の上に広げる。フライパンを前後にゆすりながら、周りの卵を焼き固める（c）。

5 フライパンの中身を器に滑らせるようにして移し、生ハムをのせ、唐辛子をふる。

b

c

ぷりぷり食感の海老を楽しむご馳走卵料理

海老玉

材料（2人分）

海老…100g

A
- 塩…小さじ 1/4
- 酒…大さじ 1/2
- こしょう…少々
- 片栗粉…大さじ 1/2
- 油…小さじ 1

卵…4 個
ねぎ…40g
塩…少々
油…大さじ 3

B
- トマトケチャップ…大さじ 1
- 醤油…小さじ 1/2
- 塩…小さじ 1/4
- 砂糖…大さじ 1
- 酢…小さじ 2
- 水…50mℓ
- 片栗粉…小さじ 1

25cmフライパン
直径 15cm片手鍋
（容量 1.0ℓ）

a

下ごしらえ

1 海老は殻と背わたを取り除き、1.5cm幅に切る。ねぎは粗みじん切りにする。

2 ボウルに海老を入れ、**A** を表記順に加え、そのつどよくなじませる。
塩から始めて、酒で塩を溶かし片栗粉でコーティングし、油を最後にして海老に味が入るようにする。

IH 調理（海老を炒め、卵と合わせて焼く）

3 フライパンに油大さじ 1 を**中火弱**で温める。**2** の海老を入れ、ほぐすように色が赤くなるまで炒める。

4 ボウルに卵を溶きほぐし、**3** の海老を入れ、粗みじんのねぎ、塩を加え、よく混ぜる。

5 **3** のフライパンに油大さじ 2 を足し、**強火**にして熱くなったら **4** を流し入れ、シリコンべらなどで大きく混ぜながら火を通す（a）。卵をやや半熟加減に仕上げたら、器に盛る。

IH 調理（甘酢あんを作る）

6 小鍋に **B** を入れ**中火**でしっかりと煮立てたら、**5** の卵にかける。
小さな鍋でもIHなら取っ手が焦げたり、熱くなったりしない。

炒める

IHは強い火力で一気に炒められるから
シャキッと仕上がります。
フライパンを振らなくても、炒め物はおいしくできますよ。

一度に全部を炒め合わせないのが最大のコツ

肉野菜炒め

材料（2人分）
キャベツ…1/4 個（250g）
にんじん…少々
玉ねぎ…1/4 個（50g）
椎茸…1 枚
にら…1/2 束（50g）
もやし…1/2 袋（100g）
豚こま肉…150g
油…大さじ 1
塩…小さじ 2/3
こしょう…少々

25㎝フライパン

下ごしらえ

1 キャベツはざく切りにし、ボウルに入れ熱湯をひたひたに加える（a）。蓋をして 7 分ほど蒸らし、ザルにあける。
強火で一気に炒めるため、キャベツのように水の出にくい野菜は熱湯をかけてしんなりさせてから炒める。水気は絞らないで OK。タオルをザルの底にあててよく水気を取る。

2 にんじんは厚さ 2㎜の短冊（1㎝× 3㎝）に切る。玉ねぎは 5 ㎜厚さの薄切り、椎茸は軸を落として 2 ㎜厚さに、にらは 3 ～ 4 ㎝長さに切る。

IH 調理（フライパンで炒め合わせる）

3 フライパンに油を入れて**中火**で予熱をかける。豚肉を加え、ほぐすように**中火強**で炒める。にんじん、玉ねぎを加え、しんなりするまで炒めたら**強火**にしてキャベツ、椎茸、もやしを加え、炒め合わせる。
火が強いと感じたらフライパンをＩＨリングから少しずらして、火加減を調節する（b）。

4 最後ににらを加え、塩、こしょうをふって炒め合わせ（c）、器に盛る。
こしょうは、ガス火の時のように加熱による上昇気流で粉が舞うこともなく、あわてずに調味できる。

ＩＨ台のトッププレートはフラットなので下ごしらえした食材を並べられるのも嬉しい。

ＩＨの火力は強く、素材の離水が少ないので炒め物はお手のもの

柔らかい豆腐もくずさず、
ふわとろ仕上げで
味をのせていきます

ひき肉を香り高く炒めるのが成功への第一歩

麻婆豆腐

材料（2人分）

豆腐（絹）…1丁（300g）
ねぎ…1/2本（50g）
油…小さじ2
豚ひき肉…100g
豆板醤…小さじ1
にんにく（みじん切り）
　…1/2片分
甜面醤…大さじ1
酒…大さじ1
醤油…大さじ1/2
A 砂糖…大さじ1/2
　中華スープの素
　　…小さじ1
　水…150mℓ
片栗粉…大さじ1/2
ごま油…小さじ1

25㎝フライパン

下ごしらえ

1 豆腐は軽く水切りをしてさいの目に切る。ねぎはみじん切りにする。

IH調理（フライパンでひき肉を炒め、豆腐を加えて煮る）

2 フライパンに油を入れて中火で予熱をかける。ひき肉を加え、ほぐすように炒めたら、豆板醤、にんにくの順に加えて香りが出るまで炒める。

3 甜麺醤、酒、醤油を加えてしっかり炒めたら（a）、Aと豆腐を加え、中火強で5～6分煮る。時々、全体をシリコンべらで混ぜて火を通す（b）。
シリコンべらをフライパンの底をこするように手前から向こうに動かし、フライパンも前後に細かくゆするとよく混ざる。

4 豆腐の水分が抜けて少し膨らむくらいまで煮えたら、1のねぎを加えサッと火を通し、片栗粉と同量の水を合わせたものを加える（c）。
とろみのための水溶き片栗粉は鍋の端から入れる。鍋中央に入れると加熱が早く進み、とろみがまわる前に固まってしまう。

5 水溶き片栗粉が一気に固まらないようにフライパンを前後にゆすり（d）、豆腐をくずさないようにとろみを行き渡らせる。仕上げのごま油を加えて香りをつけたら、器に盛る。

水溶き片栗粉をフライパンの端から入れたら、フライパンをIH台の上で前後に細かくゆするようにして、とろみを全体にまわす。

Column

いつもクリーンに

IHのトッププレートは鍋の置いてあったところ以外は熱くないので、炒めて飛び散った汚れも調理中にサッと拭き取れます。この時汚れをリング内に入れないこと。汚れが加熱され、こびりつきの原因に。

ふたつのへらで持ち上げるように
混ぜ合わせ、炒める

炒飯

材料（2人分）

ねぎ…1/3本（30g）
卵…2個
チャーシュー…80g
油*…大さじ3
ご飯…400g
塩…小さじ2/3
こしょう…少々
醤油…小さじ1

*油はピーナッツ油、太白ごま油などがおすすめ

28cm中華鍋

下ごしらえ

1 ねぎはみじん切りにする。卵は割りほぐす。チャーシューは1cmの角切りにする。

IH調理（鍋に具材とご飯を入れて、シリコンべら2本で炒め合わせる）

2 鍋に油を入れて**中火**で予熱をかける。温まったら卵を流し入れ、半熟になるようにシリコンべらなどで手早く大きく混ぜる（a）。

3 2にご飯、ねぎ、チャーシューを加え**強火**にする（b）。シリコンべら2本を使ってご飯をほぐしながら持ち上げるように混ぜ、塩、こしょうを加えて炒め合わせる（c）。
炒飯は弱火でゆっくり炒めるとご飯が粘ってくるので、強めの火加減で一気に仕上げるとよいが、混ぜる速度と火加減の具合で焦げるようなら、温度を少し下げるとよい。

4 ご飯がパラパラになるまで炒めたら、**中火強**にして鍋中央に空間を作り（d）、そこに醤油を入れる。醤油が沸き立ち、よい香りがしてきたら全体によく混ぜ合わせて、器に盛る。
IHリングに接した鍋底は中央部の発熱温度が高い。醤油を仕上げに入れる時は、鍋中央をあけて鍋底に直接注いでジュッとさせ、香ばしさを加える。

写真では鍋底がフラットなIH用中華鍋を使用。深さのある大型フライパンでもよい。IH調理では鍋を上下に振る炒め方が難しい（IHリングから鍋底が離れると通電しないため）。そこで鍋をIHリングの上に置いたまま、へら2本を使ってご飯を持ち上げるように混ぜながら炒め合わせる。へらは持ち上げた時ご飯の粒がつぶれないシリコンべら（スパチュラ）がおすすめ。

理想のパラパラ食感を
二刀流へら使いで
作ります

肉や野菜を入れたところに麺を加えて蓋をして蒸らすと、麺がふっくらほぐれるので炒めやすくなる。

麺を野菜の上にのせて蒸らしてから炒める

ソース焼きそば

材料（2人分）

キャベツ…4～5枚
豚こま肉…100g
サラダ油…小さじ2
塩…小さじ1/2
中華蒸し麺…2玉
ウスターソース…大さじ1と1/2
オイスターソース…小さじ1
青海苔、紅生姜…各適量

25㎝フライパン
（フッ素樹脂加工）

下ごしらえ

1 キャベツは洗ってざく切りにする。

IH調理（フライパンで具材と麺を蒸して炒める）

2 冷たいフライパンにサラダ油をひき、豚肉を並べ入れる。その上にキャベツ、塩、麺の順番でのせる。蓋をして**中火強**に3分かける（a）。

3 肉の焼ける音がしてきたら**弱火**にして、さらに3分ほど蓋をしたまま焼き、蓋を開けて全体を混ぜる。

4 ウスターソースとオイスターソースを加え、全体をよく混ぜ合わせる。

5 器に盛り、青海苔、紅生姜をのせる。

このように冷たい鍋に具材を重ね入れてから加熱をスタートするのは、フッ素樹脂加工フライパンの場合のみ有効。ステンレスや鉄製フライパンでは、予熱をしてから調理する。

シンプルな野菜炒めもシャキッと格上げのひと皿

青菜炒め

材料（2人分）

小松菜…1束（250g）
にんにく…1片
赤唐辛子…1本
油…大さじ1～2
塩…小さじ1/2

25㎝フライパン

下ごしらえ

1 小松菜は根を切り落とし、溜めた水の中で根元を振り洗いする。全体も洗って3～4cm長さに切り、葉と茎を分け、葉の部分の水気を絞っておく（a）。
少し手間でも、炒めている時に水分が出やすい葉の水気は切ったら絞っておくとよい。

IH調理（フライパンで茎、葉の順に炒める）

2 フライパンに油を入れて**中火**で予熱をかける。小松菜の茎を入れて、緑色が鮮やかになり、少し透き通るまで炒める（b）。

3 小松菜をフライパンの端に寄せ、鍋底をあけたところがIHリングの中央に来るようにして、みじん切りのにんにく、ちぎった赤唐辛子を入れ、**中火弱**にかけ、にんにくの香りが出るまで炒める（c）。

4 **強火**にしてフライパンをIHリングの中に戻し、小松菜の葉を加え炒める。最後に塩をふり、手早く炒め合わせて器に盛る。
強火で一気に炒める青菜炒め。茎と葉は時間差で炒め、しんなりしてきてから塩は最後にふる。こうすると水が出にくくシャキッと仕上がる。青梗菜、ターサイ（搨菜）なども同様の手順でどうぞ。

a

b

c

洋にも和にも合う彩りのよいおかず

セロリとパプリカの塩きんぴら

材料（作りやすい分量）

セロリ（茎部分）…2本（100g）
赤パプリカ…1個（100g）
ベーコン…1枚（30g）
オリーブ油…大さじ2
塩…小さじ1/3
砂糖…ひとつまみ
粗びき黒こしょう…少々

25㎝フライパン

下ごしらえ

1 セロリは5㎜幅の斜め切りに、赤パプリカも同じような大きさに切る。ベーコンは2～3㎜幅に切る。

IH調理（フライパンで炒める）

2 フライパンにオリーブ油を入れて**中火**で予熱をかけ、ベーコンを入れて焼き色がつくくらいに炒める。

3 1の野菜と塩、砂糖を加えてしんなりするまで**中火強**で炒め、粗びき黒こしょうを加え、サッと全体を混ぜてから器に盛る。
好みでセロリの葉を細かくきざんだものを最後に加えてもよい。

洋野菜のきんぴらは、砂糖ひとつまみを加え、塩味で仕上げる。旨味はオリーブ油とベーコンがあるので醤油は不要。

たっぷり作り置きしたい定番の味

田舎きんぴらごぼう

材料（作りやすい分量）

ごぼう…2本（200g）
にんじん…1/2本（80g）
油…大さじ1
砂糖…大さじ1と1/2
醤油…大さじ1と1/2
ごま油…小さじ1
白炒りごま…小さじ1

口径18㎝（底径12㎝）片手鍋（容量2.0ℓ）

下ごしらえ

1 ごぼうの太い部分は縦半分に切ってから斜め薄切りにする。切ったはしから溜めた水に入れる。切り終わったらザルにあけ、水気をよく切る。にんじんも同じような大きさの斜め薄切りにする。

IH調理（鍋で炒め煮にする）

2 鍋に油を入れて**中火**で予熱をかけ、1の野菜を入れてしんなりするまで炒める。

3 2に砂糖、醤油の順に入れ、水大さじ3を加える。煮汁がなくなるまで**中火**で炒め煮にする。ごぼうが硬いようなら蓋をするとよい。

4 3の水分がほとんどなくなったらごま油を加え、白炒りごまをふって器に盛る。
好みで一味唐辛子や七味唐辛子をふってもよい。

※IHでは蒸発量が少ないので、煮汁は控えめのレシピに。煮汁を従来のガス火の場合の分量で加えると、汁気がなかなか飛ばないので注意。

炒め煮のような汁気のある炒め物も、IHだと蒸発量が少ないので作りやすい。煮詰まりすぎたり、鍋にこびりつきにくいので、菜箸などで時々混ぜるくらいでOK。

週末に作り置きしたい常備菜、きんぴら。
オーソドックスな一品と
洋風アレンジをどうぞ

煮る

安定した弱火が保てるＩＨでは
煮物が上手に作れます。
長時間の煮物はタイマー機能を使うと便利。

水分少なめでリッチな味わい

ポークスパイスカレー

材料（作りやすい分量）

豚肩ロース肉…2～3枚（400g）

A
- クミン、ターメリック…各小さじ1
- 塩…小さじ1/2
- 生姜（すりおろし）…小さじ2

玉ねぎ…1個（200g）
ホールトマト（缶）…100g
油…大さじ2
塩…小さじ1
生姜、にんにく（共にすりおろし）…各1かけ分
B｜コリアンダー、ターメリック、クミン…各小さじ2
ローリエ…1枚
ガラムマサラ…小さじ1

ご飯…適量

付け合わせ
カチュンバル（P127参照）

直径23cm浅型両手鍋（容量2.5ℓ）

下ごしらえ

1 豚肉はやや大きめのひと口大に切り、ボウルなどに移しAをすり込み、なじませる。

2 玉ねぎは薄切り、ホールトマトはフォークなどでつぶしておく。

ＩＨ調理（玉ねぎを色づくまで炒め、具材を順次加えて煮込む）

3 鍋に油と玉ねぎ、塩小さじ1を入れ、よく混ぜながら**中火強**で茶色くなるまで炒める（a）。
玉ねぎをしっかり炒めるのが味のポイント。おいしそうに色濃く仕上がる。

4 **中火弱**にして生姜とにんにく、水50mℓを加え（b）、水分が飛ぶまでよく煮る。

5 生姜とにんにくの香りが出たらホールトマトを加え、さらに水分が飛ぶまでしっかりと煮る。

6 Bのスパイスを加え（c）、**弱火**でなじむまで炒めたら1の肉を加え、肉の周りが白っぽくなるまで**中火**で炒める。

7 ローリエと水200mℓを加え、蓋をして**中火弱**で約30分煮る（IHタイマー機能を使う）。

8 火を止め、仕上げにガラムマサラを加える。ご飯と一緒に盛り、カチュンバルを添える。

※ＩＨは煮ている間の水分蒸発が少ないので、水分は控えめでOK。市販のルウでカレーを作る場合は、表示より2割程度水分量を控えるとちょうどいい。
※冷たくなったカレーを温め直す時は、まず**とろ火**にかけ、少しゆるんできたら火を強め（**中火**）、シリコンべらで底をこするように混ぜると焦げつかない。

a

b

c

使用スパイスはコリアンダー、ターメリック、クミン。仕上げでガラムマサラ。

ミディアムレアの牛肉とソースのマッチングが絶妙

ビーフストロガノフ

材料（2人分）

牛ヒレ肉…160g
A 塩…小さじ 1/3
　こしょう…少々
パプリカパウダー…小さじ 1
薄力粉…大さじ 1 強（10g）
マッシュルーム…1 パック（100g）
玉ねぎ…1/2 個（100g）
バター…小さじ 2（約 8 g）
油…適量
白ワイン…大さじ 2
コンソメの素（顆粒）…小さじ 1/2
生クリーム（45％）…50mℓ
イタリアンパセリ…少々

付け合わせ
ピラフ

25cmフライパン

下ごしらえ

1 牛肉は 1.5cm角の棒状に切る。Aの塩、こしょうをふり、パプリカパウダーと薄力粉を合わせたものを全体にまぶしておく（a）。

2 マッシュルームは 5mm厚さに切る。玉ねぎは粗みじん切りにする。

IH 調理（フライパンで肉を焼き、ソースを作り、肉を合わせる）

3 フライパンにバター小さじ 2 と油小さじ 1 をひき、1 を中火で焼き色をつけるように焼いたら（b）、取り出しておく。

4 3 のフライパンに油小さじ 1 を足し、マッシュルームを入れ、塩少々（分量外）をふって中火弱でしんなりするまで炒めたら取り出し、肉と一緒にしておく。

5 同じフライパンに油小さじ 1 を足し、玉ねぎを入れ、塩少々（分量外）をふってあめ色になるまで弱火でじっくり炒める。水 50mℓを加え、水分が飛ぶまで混ぜながら炒める。

6 白ワインを入れて中火弱で煮立て、アルコール分を飛ばす。コンソメの素と水 100mℓ、生クリームを加え、4 のマッシュルームを戻し入れ、蓋をして中火にかける。玉ねぎが柔らかくなったら 3 の肉を加えてなじませる。
牛肉はここではソースをからめてサッと温める程度。あまり火を通しすぎず、ミディアムレアを保って仕上げるとおいしい。

7 型抜きしたピラフを添えて器に盛り、イタリアンパセリをきざんで散らす。

牛肉にパプリカパウダーと薄力粉をまぶしつける。ソースと煮る時に小麦粉がとろみ効果になる。

牛肉は全面に焼き色をつけても、中はミディアムレアくらいで一度取り出す。その後ソースの中に入れても煮込むというより、サッとからめてなじませる程度に火を入れる。

ピラフ

材料（2人分）

玉ねぎ…1/4 個（50g）
塩…小さじ 1/2
こしょう…少々
米…1 合（150g）
油…小さじ 2
バター…大さじ 1（約 12g）
口径 18cm（底径 12cm）片手鍋（容量 2.0 ℓ）

1 鍋に油とみじん切りの玉ねぎを入れ、分量の塩のうち少々を加えて焦がさないように中火弱で炒める。

2 玉ねぎがしんなりしたら米を加えて炒め合わせ、水 230mℓ、残りの塩、こしょうを加えて煮立ったらざっと混ぜ合わせる。蓋をして中火弱で 12 分ほど炊く。7 分ほど蒸らしてからバターを加え、混ぜ合わせる。

夏野菜の旨味をぎゅっと凝縮

ラタトゥイユ

材料（作りやすい分量）

A
- ズッキーニ…1～2本（300g）
- 赤パプリカ…1個（160g）
- 玉ねぎ…1個（200g）
- なす…3本（300g）

にんにく…2片
トマト…2個（240g）
ローリエ…1枚
オリーブ油…適量
塩…小さじ1強

※オリーブ油の全量の目安は大さじ5～6。

25㎝フライパン
直径23㎝浅型両手鍋（容量2.5ℓ）

下ごしらえ

1 Aの野菜はそれぞれ長さ約2.5cmの大きさに切る。にんにくは皮をむき縦半分に切って芯を取り除く。トマトはざく切りにする。

IH調理（野菜を1種類ずつ同じフライパンで炒める）

2 フライパンにオリーブ油を熱し、ズッキーニとローリエを中火でじっくりと炒める。焼き色がついたら煮込み鍋に移す。この時オリーブ油はフライパンに残すようにする。

3 フライパンにオリーブ油を足し、ほかの野菜を種類別に入れて炒めたら、順次煮込み鍋に移す。炒める順番は赤パプリカ、玉ねぎ、なす。炒め方はズッキーニと同じ。
なすは油を吸いやすいので、オリーブ油が一番残る最後に炒めるとよい（a）。

IH調理（炒めた野菜を汁気がなくなるまで煮る）

4 3の煮込み鍋に塩、にんにく、トマトを加え、蓋をして（時々混ぜながら）、はじめは**中火弱**で、水分が出てきたら**中火**にして約10分煮る。

5 野菜の水気が充分出たら蓋を取り（b）、時々鍋底をへらで混ぜながら水分を飛ばすように煮る。にんにくは柔らかくなったらへらなどでつぶし、混ぜ合わせる（c）。

6 水分がほとんどなくなり、トロリとしたら完成。最後は焦がさないように注意する。

a

b

c

クリーミーな北欧風シチュー

ミートボールのクリーム煮

材料（2人分）

A
- 合いびき肉…250g
- 卵…1/2 個
- 玉ねぎ…1/4 個（50g）
- 牛乳…50mℓ
- パン粉…20g
- 塩…小さじ 1/3
- こしょう…少々

B
- にんじん…1/2 本（80g）
- 玉ねぎ…1/2 個（100g）
- セロリ…1/3 本（40g）

油…大さじ 1
塩…小さじ 1/2
バター…大さじ 1（約 12g）
薄力粉…大さじ 1 と 1/2
生クリーム（45%）…50mℓ
ローリエ…1 枚
レモン汁…小さじ 1
イタリアンパセリ…少々
25㎝フライパン

下ごしらえ

1 ボウルに **A** を入れよく混ぜる。ピンポン玉くらいに丸めたミートボールを 10 個作り、少し冷蔵庫において落ちつかせる。

2 **B** の野菜類はすべて 1㎝の角切りにする。

IH 調理（ミートボールを焼き、クリームソースの中で煮る）

3 フライパンに油をひいて**中火**で予熱をかけ **1** を入れ、ミートボール全体に焼き色がつくように**中火弱**で焼く（**a**）。油をフライパンに残すように取り出す。

4 同じフライパンに**B**の野菜を入れ、分量の塩のうち少々を入れて野菜がしんなりするまで**弱火**で炒める。

5 **4** にバターを足し、薄力粉を加え炒め合わせる。水 150mℓと生クリームを加えて煮立てる（**b**）。

6 ローリエを加え蓋をして**中火**にし、野菜が柔らかくなったら **3** のミートボールを戻し入れる。全体をなじませ、さらに 10 分煮る（**c**）。塩で味を調え、レモン汁を加えて仕上げる。

7 器に盛り、イタリアンパセリをきざんで散らす。

a

b

c

ＩＨで作る煮物は味がしっかり染みているのに煮くずれしないのが特徴です

鍋の中で対流がおきにくいIHでは、じゃがいものように煮くずれしやすい野菜もきれいに煮上がる。しかも味がしっかり染みているのは最大のメリット。面取り不要でそのまままきれいに煮上げるか、とろっとした食感を出すためにひと手間を加えるか、お好みのレシピでどうぞ。

野菜が煮くずれない端整仕上げ

牛肉じゃが

材料（作りやすい分量）

牛ロース肉
（すき焼き用、切り落としなど）…100g
じゃがいも（メークイン）
…2個（300g）
にんじん…1/2本（80g）
玉ねぎ…1/2個（100g）
突きこんにゃく…1/2袋（50g）
A ｜だし…150mℓ
｜砂糖…大さじ1と1/2
｜醤油…大さじ2強
さやいんげん…3～4本

口径18cm（底径12cm）片手鍋
（容量2.0ℓ）

下ごしらえ

1 牛肉は大きければひと口大に切る。

2 じゃがいもは皮をむいて1個を4～6個に切り、水にさらす。にんじんは小さめの乱切り、玉ねぎは1.5cm幅のくし形切りにする。突きこんにゃくは下ゆでする。

IH調理（牛肉を煮汁でサッと煮て取り出し、野菜を煮た鍋に戻す）

3 鍋にAを入れて中火強でひと煮立ちさせた中に牛肉を入れ、ほぐしながら色が変わる程度に煮る。いったん牛肉を取り出しておく。
残った煮汁には牛肉の旨味も加わるので、その煮汁で野菜を煮ていく。

4 3の鍋に2の野菜、突きこんにゃくを入れ、ひと混ぜする。中火強にかけて煮立ったらアルミ箔を使って落とし蓋にし（a）、中火～中火弱で約10分煮る。

5 一度取り出した牛肉をしみ出た肉汁ごと4に戻し入れ、煮汁がほとんどなくなるまで鍋返し＊をしながら煮る。

6 器に盛り、塩ゆでして斜めに切ったさやいんげんを散らす。

＊鍋返し＝鍋の取っ手を持ち、鍋を揺り動かしながら中の具材を上下に返すこと。

落とし蓋をすると、鍋の中の対流が作れる。上にのせたアルミ箔の落とし蓋が軽く躍るくらいの火加減で煮る。

トロリとしたじゃがいもを主役に

くずし肉じゃが

材料（作りやすい分量）

豚ばら肉…100g
じゃがいも（男爵）…3個（300g）
玉ねぎ…1/2個（100g）
醤油…大さじ1と1/2
A ｜だし…150mℓ
｜砂糖…大さじ1と1/2
絹さや…5～6枚

口径18cm（底径12cm）片手鍋
（容量2.0ℓ）

下ごしらえ

1 豚ばら肉は長ければ5～6cm長さに切る。

2 じゃがいもは皮をむいて1個を6～8個に切り分け、水にさらす。玉ねぎは2.5cm幅のくし形切りにする。

IH調理（野菜と肉を煮汁がなくなるまで柔らかく煮て、最後にへらで混ぜる）

3 鍋に2の野菜を入れ、Aと醤油の2/3量を加えてひと混ぜする。中火強にかけて煮立ってきたら、豚ばら肉を加えほぐすように全体をよく混ぜる。

4 アルミ箔を使って落とし蓋にし、中火～中火弱で約10分煮る（上にのせたアルミ箔の落とし蓋が軽く躍るくらいの火加減）。

5 落とし蓋を外して残りの醤油を加えたら、途中へらなどで軽く混ぜながら煮汁がほとんどなくなるまで煮る（a）。
最後に煮詰める段階で鍋中をシリコンべらでよく混ぜ込むことで、じゃがいもの表面をくずす。

6 器に盛り、塩ゆでして斜めに切った絹さやを散らす。

とろみでご馳走感がワンランクアップ

かぶの煮物、かにあんかけ

材料（2人分）

かぶ…3～4個（250g）

A
- だし…200㎖
- 塩…小さじ 2/3
- 酒…大さじ 1
- みりん…大さじ 1
- 砂糖…小さじ 1

かに（ほぐし身＊）…50 g

醤油…少々

酒…小さじ 1

片栗粉…大さじ 1

＊かには缶詰でもよい。

口径 18㎝（底径 12㎝）片手鍋（容量 2.0ℓ）

下ごしらえ

1 かぶは葉を切り落とし、皮をむいて縦 4 等分に切る。葉は柔らかな細い葉のみを 1 ㎝長さに切る。かにのほぐし身には酒をふりかけておく。

ＩＨ 調理（かぶを煮含めて、かにを加え、とろみをつける）

2 鍋に A を入れ中火にかける。煮立ったら 1 のかぶを加え約 10 分、透き通るまで煮る。

3 かぶの葉を加え 1 分ほど煮たら、かに、醤油を加えて煮立ててから弱火にし、同量の水で溶いた片栗粉を鍋の端から加える（a)。静かにシリコンベらで水溶き片栗粉を広げてとろみをつける（b）。

4 今一度、中火にしてしっかり煮立て、器に盛る。
とろみが行き渡ってから煮立てるのは、片栗粉にしっかり火を入れ、とろみが戻らないようにするため。

a

b

Column

ＩＨ流とろみのつけ方

とろみづけの水溶き片栗粉を入れる時、口の広い鍋の場合は鍋の端から水溶き片栗粉を混ぜながら少しずつ加える。鍋の口径が狭い場合は、鍋を一度ＩＨ中央から外して水溶き片栗粉を加える。
加熱温度が一番高い鍋の中央に水溶き片栗粉を入れると、全体にとろみが広がる前に固まってしまう。とろみ材料は「低い温度のところから入れる」が鉄則。

煮魚も少ない煮汁で失敗知らず

かれいの煮つけ

材料（2人分）
かれい(切り身)…2枚(140g)
わけぎ…2本
生姜…1かけ
A　醤油…大さじ1と1/2
　　砂糖…大さじ1
　　みりん…大さじ2
　　酒…大さじ2
針生姜＊…適量
＊千切りにした生姜を水にさらしたもの。

25㎝フライパン

下ごしらえ

1 かれいは一度サッと流水で洗って、熱湯を回しかけて、その後ぬめりがあればうろこと一緒に流水をかけながら取り除き、水気を拭く。火が通りやすいように皮に切り込みを入れる。

2 わけぎは5㎝長さに切る。

IH 調理（フライパンに落とし蓋をしてふっくらと煮る）

3 フライパンに**A**と水70mℓ、生姜の薄切りを入れ、**強火弱**で煮立てたら、かれいを並べ入れる（a）。

4 アルミ箔などを使って落とし蓋をし、煮立ったら**中火弱**にして上から蓋をする（b）。

5 4分ほど煮たら蓋もアルミ箔の落とし蓋も取り、わけぎを加え**中火**で上から煮汁をかけながら2～3分煮詰める。

6 器に盛り、針生姜を添える。

相性よしの二素材をひと鍋で

いかと里いも煮

材料（2人分）

里いも…500g

いか…1ぱい（正味約 200g）

A
- 砂糖…大さじ 1 ～ 1 と 1/2
- 醤油…大さじ 2 弱
- みりん…小さじ 2

片栗粉…小さじ 2

口径 18㎝（底径 12㎝）片手鍋（容量 2.0ℓ）

下ごしらえ

1 里いもは洗ったら乾かし、皮を厚めにむく。大きさにより 2 ～ 4 等分に切る。
洗ってからよく乾かすと手がかゆくならず、また里いもも滑らずにむける。

2 いかは胴から脚をワタごと引き抜く。軟骨を取り除ききれいに洗う。水気を拭いて 7㎜幅の輪切りにする。脚も食べよい大きさに切る。

IH 調理（いかはサッと煮て、同じ煮汁で里いもを煮含める）

3 鍋に**A**と水 200㎖を入れて**中火強**で煮立て、いかを入れ 1 ～ 2 分煮たら、一度取り出す（a）。
いかは旨味が出るので先に煮汁に加え、火を通したら取り出す。すぐに硬くなるので注意。

4 里いもはサッと水で洗って**3**の鍋に入れ（b）、アルミ箔などを使って落とし蓋をし、**中火弱**で約 15 分、柔らかくなるまで煮る。

5 同量の水で溶いた片栗粉を加えてとろみをつけ、**3**のいかを鍋に戻し入れ（c）、しっかり熱くして器に盛る。
熱くすることでいかと煮汁をなじませる。

ベーコンやソーセージ、だしの出るシャルキュトリーと煮込むフランス版煮豆

滋味深い豆料理をどうぞ

レンズ豆の洋風煮

材料（作りやすい分量）

レンズ豆…150g
玉ねぎ…1/4 個（50g）
にんじん…1/3 本（50g）
ベーコン（ブロック）…50g
生ソーセージ…2 本（120g）
塩…小さじ 1/2
こしょう…少々
ローリエ…1 枚
バター…大さじ 1（約 12g）

口径 18㎝（底径 12㎝）
片手鍋（容量 2.0ℓ）

下ごしらえ

1 レンズ豆は洗ってたっぷりの湯に入れ、**中火強**にかける（a)。煮立ってアクが出てきたら（b)、ザルにあけ、水をかけて洗う。

2 玉ねぎとにんじんは 1㎝角に、ベーコンは 1㎝幅の棒状に切る。ソーセージには軽く切り目を入れる。

ＩＨ 調理（野菜とベーコンを炒め、豆を加え、煮る）

3 鍋にバターを溶かし**中火**でソーセージを焼き、焼き色がついたら取り出しておく。

4 玉ねぎとにんじん、ベーコンを **3** の鍋に入れ、**中火弱**でしんなりするまで炒める。

5 水 300㎖と **1** のレンズ豆、塩、ローリエを加え、煮立ったら**中火弱**にして蓋をして柔らかくなるまで約 20 分煮る（c)。

6 **3** のソーセージを加え、蓋をして**弱火**で 5 分ほど煮る。塩味を確かめてこしょうを加え、ひと混ぜしたら器に盛る。

a

b

c

煮豆を仕込むならＩＨのとろ火で

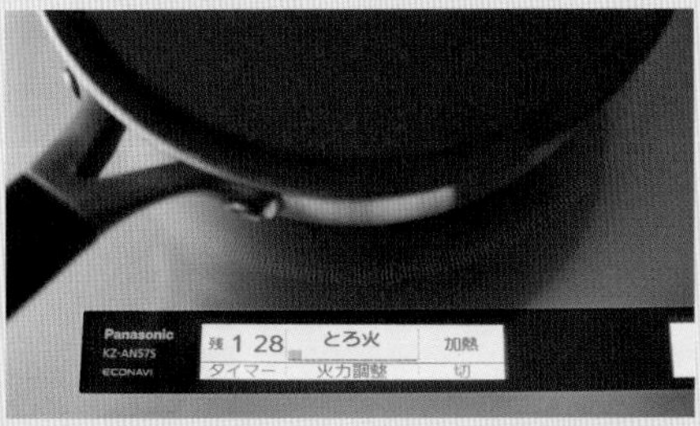

レンズ豆は比較的短時間で柔らかくなりますが、きんとき豆や大豆など、おなじみの和の煮豆では豆を戻した後に極弱火でことこと長時間煮るのが定石。ガス火ではこれがなかなか難しく、手が出しにくかったレシピですが、安定した極弱火がずっとキープできる IH なら大丈夫。タイマー機能もあるのでまさにこういうレシピに最適です。火力は IH クッキングヒーターの一番弱い設定を使います。メーカーにより呼称は異なりますが、本書で使用している Panasonic 製では《とろ火》で。

★きんとき豆の甘煮の作り方は P127 参照

昔ながらの和のお惣菜
たっぷり作って、副菜小鉢にお弁当に

切り干し大根の煮物

材料（作りやすい分量・でき上がり約 600g）

切り干し大根…60g
にんじん…2/3 本（100g）
干し椎茸…3 枚（60g）
竹輪…3 本（約 85g）

A
　だし…200mℓ
　椎茸の戻し汁…100mℓ
　砂糖…大さじ 2
　酒…大さじ 1 と 1/2

醤油…大さじ 1 と 1/2

口径 18㎝（底径 12㎝）片手鍋（容量 2.0ℓ）

下ごしらえ

1 切り干し大根はよく揉み洗いし、たっぷりの水に 20 分ほど浸ける。鍋に湯を沸かし、**中火強**で 1 ～ 2 分ゆでてザルにあけ、水をかけて冷まし、しっかりと水気を絞る。長ければ切っておく。

2 にんじんは長さ 2.5㎝、幅 1㎝の短冊切り、干し椎茸は戻して薄く切る。竹輪は 3 ㎜幅の輪切りにする。

IH 調理（煮汁で煮含め、水分を飛ばす）

3 鍋に 1 と干し椎茸、A と半量の醤油を入れ**中火**にかける。煮立ったら蓋をして**中火**で 10 分煮る。

4 にんじんと竹輪、残りの醤油を加え、蓋をして**中火**のまま水分がほとんどなくなるまで時々混ぜながら煮含める。

ひじき煮

材料（作りやすい分量・でき上がり約 650g）

乾燥芽ひじき…40g
にんじん…2/3 本（120g）
油揚げ…1 枚（80g）
ごま油…大さじ 1
だし…350mℓ
砂糖…大さじ 1 強
醤油…大さじ 2

口径 18㎝（底径 12㎝）片手鍋（容量 2.0ℓ）

下ごしらえ

1 芽ひじきはをたっぷりの水に約 20 分浸し、底に沈んだ砂を入れないように上からつまみ上げ、ザルに移す。ザルの底に布巾をあてしっかりと水気を取り除く。

2 にんじんは 3㎜幅の太めの千切り、油揚げは熱湯をまわしかけ油抜きをし、幅を半分に切って 7㎜～ 1㎝幅の短冊切りにする。

IH 調理（炒め合わせたら、煮含めて汁気を飛ばす）

3 鍋にごま油とにんじんを入れ、**中火強**にかけて炒める。

4 にんじんがしんなりして色鮮やかになったらひじきを入れ、温めるように炒め合わせる。

5 油揚げ、だし、砂糖、醤油を入れる。アルミ箔で鍋よりひと回り小さい落とし蓋を作ってかぶせ、アルミ箔が軽く動く程度の**中火弱**で時々かき混ぜながら煮含める。

6 約 10 分後、ひじきが柔らかくなったら、落とし蓋を取る。汁気がほとんどなくなるまで**中火**で 5 分ほど、水分を飛ばしながら煮る。

なすの煮物

材料（2人分）
なす…3本（300g）
A
だし…150mℓ
醤油…大さじ1
みりん…大さじ1/2
塩…少々
おろし生姜…適量

口径18cm（底径12cm）片手鍋（容量2.0ℓ）

下ごしらえ
1 なすはへたを切り落とし縦半分に切って皮に斜めに切り込みを入れる。切ったはしから水に浸ける。

IH調理（煮汁で煮含めて放置。冷える過程で味が染みる）
2 鍋にAを入れて中火強にかけ、水気を切った1のなすを入れる。
3 アルミ箔の落とし蓋をして中火弱で10分煮る。そのまま冷めるまでおく。
4 器に盛り、おろし生姜を添える。
※あれば漬物用の鉄の玉などを入れると、なすがきれいな紺色に煮上がる。

しめじと小松菜の煮びたし

材料（作りやすい分量）
小松菜…1束（200g）
しめじ…1パック（100g）
さつま揚げ…2枚（75g）
A
だし…300mℓ
砂糖…大さじ1と1/2
酒…大さじ1
塩…小さじ2/3
醤油…小さじ1

口径18cm（底径12cm）片手鍋（容量2.0ℓ）

下ごしらえ
1 小松菜は根を切り落とし、溜めた水の中で根元を振り洗いしてから全体も洗って4cm長さに切り、茎と葉を分ける。しめじは石づきを切り落とし、ほぐす。さつま揚げは7mm幅に切る。

IH調理（食感を大切に、強火で煮て短時間仕上げ）
2 鍋にAを入れて中火にかけ、煮立ったら小松菜の茎としめじを加え、蓋をして中火弱で3～4分、茎が少し柔らかくなるまで煮る。
3 さつま揚げを加え、強火にして小松菜の葉を加え、沈めるようにして1～2分煮る。煮汁と共に器に盛る。

根菜たっぷり、
やさしい酸味のヘルシーおかず

煮なます

材料（作りやすい分量）

大根…100g
にんじん…30g
干し椎茸…2 枚
れんこん… 1/2 節（40g）
油揚げ… 1 枚（50g）
絹さや…4 ～ 5 枚

A	酒…大さじ 1/2 塩…小さじ 1/2 強
B	酢…大さじ 2 砂糖…大さじ 1

25cmフライパン

下ごしらえ

1 大根、にんじんは 3cm長さの千切りにし、干し椎茸は戻して薄切りにする。油揚げは熱湯をまわしかけ油抜きをし、幅を半分に切ってから千切りにする。れんこんは皮をむいて、小口から薄切りにして水にさらす。大きければ縦半分に切ってもよい。

2 絹さやは色よくゆでたら、冷水にとって冷まし、縦に千切りにする。

ＩＨ 調理（少ない水分で炒め煮に。強火で手早く、シャキシャキ感を残す）

3 フライパンにAと水大さじ 2 を入れ、中火にかけ煮立ったら 1 の具材を加える（a）。菜箸でよく混ぜながら強火で手早く野菜に火を通す（b）。
この時野菜は硬めに仕上げるようにする。シャキシャキした食感を残す。

4 煮汁がなくなったら火を止め、Bを加えバットに広げて冷ます。

5 器に盛り、2 の絹さやをのせる。

a

b

別名うのはな。
作った翌日が味染みでおいしい

おからの炒り煮

材料（作りやすい分量・でき上がり約 600g）

にんじん…1/4 本（45g）
ごぼう…1/6 本（45g）
ねぎ…1 本　80g
ごま油…大さじ 1
おから…250g

A	だし…300mℓ 砂糖…大さじ 1 醤油…大さじ 2 と 1/2

口径 18cm（底径 12cm）片手鍋（容量 2.0ℓ）

下ごしらえ

1 にんじんは 2.5cm長さの太めの千切りにする。ごぼうはささがきにして水にさらす。ねぎは 1.5cm幅の小口切りにする。

ＩＨ 調理（汁気が飛ぶまで炒り煮する）

2 鍋にごま油を熱し、中火でにんじんと水を切ったごぼうを加えてしんなりするまで炒める。

3 おからを入れて中火で炒め、おからがしっかり熱くなったら A とねぎを加える。

4 鍋の中をよく混ぜながら汁気がほとんどなくなるまで中火で炒り煮にする（a）。
ＩＨは蒸発量が少ないので、煮汁は控えめの分量でも焦げつきにくい。ねぎは香りと甘みも出て煮汁がおいしくなるので、ぜひ加えて。

a

ゆでる

お湯が驚くほど
早く沸くので
調理もスピードアップ
できます。
少ない水でも適切火力が
キープできると
野菜ゆでが一変します。

少ない湯量で野菜をゆでる

ほうれん草の根元をゆでる時、葉が鍋からはみ出しても、IHでは葉先が火にあぶられたりする心配はない。葉物野菜は火が通るとかさが減るので、大きい鍋でたくさんの湯を沸かす必要がなく経済的。左は「ほうれん草の白和え」（作り方P127参照）。

蒸しゆでして野菜の風味も活かす

豆もやしのピリ辛和え

材料（2～3人分）

豆もやし…1袋（200g）

A
- 白すりごま…大さじ2
- 白炒りごま…小さじ1
- 砂糖…小さじ2
- 塩…ひとつまみ
- 一味唐辛子（あれば韓国唐辛子中挽き）…小さじ1/2
- にんにく（すりおろし）…1/4片分

B
- ごま油…大さじ1と1/2
- 醤油…小さじ2
- 辣油…小さじ1/2

口径18cm（底径12cm）片手鍋（容量2.0ℓ）

IH調理（少なめの水と豆もやしを入れて火にかけ、蒸しゆで）

1 豆もやしは洗って鍋に入れ、150mlの水を加えて**強火**にかける。煮立ったら**中火**で蓋をして4～5分、途中上下を返してゆでる。ザルにあけてよく水気を切り、粗熱を取る。

少ない水で湯の沸く時間を短縮。しっかり沸く適切な火加減をキープして、少ない水で蒸しゆでにすれば野菜の風味も残る。

調味と仕上げ

2 **A**をボウルで混ぜて、**1**を加えてよく和える。

3 別に混ぜておいた**B**を**2**に加えてよく和え、全体がなじんだら器に盛る。

大きな葉のままゆでても大丈夫

ゆでキャベツの甘酢ちりめん和え

材料（2～3人分）

キャベツの葉…小4枚（200g）

ちりめんじゃこ…20g

甘酢

A
- 酢…大さじ1
- 砂糖…小さじ2
- 塩…小さじ　1/3

削り節…少々

口径18cm（底径12cm）片手鍋（容量2.0ℓ）

IH調理（湯を沸かしキャベツを大きな葉で塩ゆでする）

1 鍋に**強火**で湯を沸かし、塩少々（分量外）を加えた中にキャベツの葉を大きなまま入れ、菜箸で返しながら3～4分**中火**でゆでる。

2 ザルにあけ、うちわであおいで冷まし、2cm幅に切り水気を絞る。

キャベツの葉は大きなままゆでて栄養の損失を最小限に。葉が鍋からはみ出ても炎にあおられないので大きな鍋を使う必要はない。水も少なくて済み経済的。

調味と仕上げ

3 ちりめんじゃこに酢（分量外）を少々ふりかけておく。

4 ボウルに**A**を混ぜて甘酢を作り、キャベツとちりめんじゃこを加えて和え、器に盛る。上から削り節をかける。

パスタをゆでながらクリーミーな卵ソースを同時進行で

スパゲッティ・カルボナーラ

材料（2人分）

パスタ…180g
ベーコン（ブロック）… 50g
オリーブ油…小さじ 1
卵… 1 個
卵黄… 2 個分
チーズ（粉）
　パルミジャーノ・レッジャーノ
　…50g
塩…小さじ 1/4 ～ 1/3
粗びき黒こしょう…適量

直径 23cm深型両手鍋
（容量 4.4ℓ）
15cmフライパン

IH 調理（湯を沸かしパスタをゆで始め、ソースを同時に作り、合わせる）

1 鍋に 2.5ℓほどの湯を**極強火**で沸かす。塩大さじ 1 と 1/2（分量外）を加えた中にパスタを入れてゆで始める。
※パスタを入れて再び沸くまでは**強火**、沸いたら麺が泳ぐような**中火**の火加減で袋の表示時間通りゆでる（タイマー機能を使うと便利）。

2 ベーコンは 7mm角の棒状に切り、オリーブ油を入れたフライパンに入れ、**中火**で炒める。少し焼き色がついたら火を止めておく。

3 ボウルにチーズを入れ、全卵と卵黄を加えて混ぜる。

4 ゆで湯大さじ 2 を **3** のボウルに加えて混ぜ合わせ、パスタをゆでている **1** の鍋の湯にボウルの底をあてて温め、様子を見ながらチーズを溶かす（**a**）。

5 ゆで上がったパスタを **4** のボウルに入れ、フライパンのベーコンをもう一度熱くして加え、全体をよく和える。味をみて薄ければ塩を加えて、器に盛る。黒こしょうをたっぷりふる。

麺類をゆでるには深さのある鍋で対流が起こる水量が必要。超強火で一気に湯を沸かして麺を入れる。鍋の周りに出たロングパスタもＩＨなら焦げる心配がない。

シーフードパスタがひと鍋でできる！ とっておき時短レシピ

ペンネのトマトクリーム

材料（2 人分）

ショートパスタ（ペンネ）…150g
A
　玉ねぎ…1 / 4 個（50g）
　ホールトマト（缶）…150g
　シーフードミックス（冷凍）
　　…1 袋（150g）
　塩…小さじ 2 / 3
　こしょう…少々
生クリーム（45％）…100ml
セルフィーユ…適量

口径 18cm（底径 12cm）
片手鍋（容量 2.0ℓ）

下ごしらえ

1 玉ねぎは 1cmの角切りに、ホールトマトはつぶしておく。

IH 調理（ひと鍋でパスタをソースごと煮る）

2 鍋に水 250mℓと **A** をすべて入れてざっと混ぜ、ショートパスタを加える（**a**）。蓋をして**中火**にかけ、時々蓋をあけて混ぜながら、パスタの袋の表示通りのゆで時間火にかける。冷凍シーフードミックスは解凍せずそのまま加える。

3 仕上げに生クリームを加え、少しとろりとするまで**中火弱**で煮る。器に盛り、セルフィーユの粗みじん切りをふる。

ショートパスタは、ソースや具材と共にひと鍋でゆでられるので、家庭でもっと利用したい便利な食材。

彩り豊かなひと口天ぷらをトッピングしてボリュームアップ

コロコロ野菜天のぶっかけそば

材料（2人分）

野菜天ぷら
- なす…1/2本（40g）
- かぼちゃ…1/16個（50g）
- 赤パプリカ…1/4個（40g）
- ズッキーニ…1/3本（50g）

A
- 薄力粉…30g
- 冷たい炭酸水…50g

揚げ油…適量

そば（乾麺）…160g

麺つゆ（ぶっかけ用・ストレート）…200mℓ

ねぎ…適量

口径18cm（底径12cm）片手鍋（容量2.0ℓ）

直径23cm深型両手鍋（容量4.4ℓ）

下ごしらえ

1 なす、かぼちゃ、赤パプリカ、ズッキーニはそれぞれ2cm角に切る。

2 ボウルにAを入れよく混ぜ合わせ、天ぷらの衣を作る。

IH調理（野菜ごとに温度設定を変えて、天ぷらを揚げる）

3 鍋に油を温める。野菜は2の衣をくぐらせ、それぞれ適温で揚げる。かぼちゃは160℃で3～4分。赤パプリカは170℃で2分。ズッキーニは170℃で2～3分。なすは180℃で2～3分。次々と揚げたら、よく油を切る。

IH調理（湯を沸かし、そばをゆでる）

4 深鍋にたっぷりの湯を極強火で沸かす。そばを入れて再び沸くまでは強火、沸いたら麺が泳ぐような中火の火加減で袋の表示時間通りゆでて、冷水にとって冷まし、水気を切る。

たっぷりの湯を沸かす時は、極強火で。IHの長所は沸く時間の早さ。

調味と仕上げ

5 器にそばを盛り、上に天ぷらをのせ、麺つゆを周りからかける。小口切りにしたねぎを添える。

冷凍うどんもＩＨでスピード料理。
ランチに夜食にどうぞ

きざみきつねうどん

材料（2 人分）

冷凍うどん（180g）…2 玉
麺つゆ（かけうどん用）…600mℓ
青ねぎ…2 本
油揚げ…1 枚
黒七味…適宜

口径 18cm（底径 12cm）片手鍋（容量 2.0ℓ）

ＩＨ 調理（麺つゆで冷凍うどんをゆでる）

1 鍋に麺つゆを入れて強火にかけ、煮立ったら冷凍うどんを凍ったまま入れる。蓋をして煮立ったら中火で 1 〜 2 分煮る。

仕上げ（具材となじませて煮る）

2 1 の鍋に 1cm幅に切った油揚げを入れて煮立てないように 2 〜 3 分煮る。斜めに切った青ねぎを加え、サッと煮て器に盛る。好みで黒七味をふる。

ＩＨヒーターは熱の復帰が早いので冷凍麺を入れ、麺つゆの温度が下がっても短時間で再沸騰する。冷凍麺は電子レンジで解凍する方法もあるが、やはり、麺つゆの中でゆるめるほうが扱いやすい。

鍋に冷凍麺を入れたら、蓋をする。温度復帰もより早くなる。

インスタントラーメンを作る時は水を少なめに

ＩＨは水分の蒸発が少ない。インスタントラーメンをひと鍋で作る場合、商品の指定水量より大さじ1〜2分を減らすとちょうどいい。

食欲のない夏にどうぞ。野菜たっぷり、お肉の時短料理

豚肉のしゃぶしゃぶサラダ

材料（2〜3人分）

豚ロース肉
（しゃぶしゃぶ用）…150g

A
- 酒…大さじ 1
- 塩…小さじ 1

水菜…1/3 束（80g）
きゅうり…1/3 本（60g）
にんじん…少々（15g）
玉ねぎ…1/4 個（50g）

B
- 豆乳＊…30㎖
- 砂糖…小さじ 1
- 塩…小さじ 1/3
- マヨネーズ…大さじ 1
- 醤油…小さじ 1/2
- レモン汁…小さじ 1 〜 2

白炒りごま…小さじ 1
＊豆乳は牛乳でもよい。

直径 23㎝浅型両手鍋
（容量 2.5ℓ）

下ごしらえ

1 水菜は洗って 3 〜 4㎝長さに切り水気を切る。きゅうりは縦半分に切って斜め薄切り、にんじんは千切りにする。玉ねぎは薄切りにし水にさらして水気をよく切る。

IH 調理

（湯を沸かし、酒と塩を加え、肉をサッと湯通しする）

2 鍋に 800㎖の湯を**強火強**で沸かしたら、**中火強**にして **A** を加え、豚肉を広げながら入れ、サッとゆでてペーパータオルにとり、水気を切る（a）。

調味と仕上げ

3 **B**をすべて合わせてソースを作る。

4 器に **1** の野菜を盛って、粗熱が取れた **2** のしゃぶしゃぶ肉をのせて **3** のソースをかけ、白炒りごまを散らす。

a

しゃぶしゃぶした肉はフラットな IH 台にバットを置き、ペーパータオルを敷いた上にとる。

刺身のサクもひと手間かけてしっとりおいしく

鯛の葛梅

材料（2〜3人分）

鯛（刺身用）…120g
葛粉…適量
こぶだし…500mℓ
塩…小さじ 1/2
絹さや…10 枚
椎茸…2 個

A
- ご飯…小さじ 2
- こぶだし…大さじ 1 〜 2
- 梅干し…1 〜 2 個
- 砂糖…小さじ 1
- 醤油…小さじ 1

口径 18㎝（底径 12㎝）片手鍋（容量 2.0ℓ）

下ごしらえ

1 鯛は 1.5㎝厚さに切り、塩少々をふっておく。水気を拭いて薄く葛粉をまぶす。
鯛は火を入れ過ぎると身がパサつくので、葛粉をまぶしてしっとり仕上げる。

IH 調理（だしを沸かし、野菜と鯛をゆでる）

2 鍋に塩を加えたこぶだしを強火で沸かし、絹さやと厚めに切った椎茸を加え、絹さやは 2 分、椎茸は 3 〜 4 分火を通して取り出す。

3 鍋のだしをしっかりと熱くして鯛を入れ、中火弱で 1 〜 2 分火を通し（a）、粗熱を取る。

調味と仕上げ

4 A で梅ソースを作る。ご飯にこぶだし大さじ 1 を加え電子レンジに 30 秒かけてふやかし、つぶす。種を取った梅干しはザルを使ってつぶし、漉す（b）。砂糖、醤油を加え、よく混ぜる。ソースが硬ければ残りのだしでゆるめて漉す。

5 器に **2** の野菜と **3** の鯛を盛り、**4** の梅ソースを添える。

a

b

蒸す

強火で一気に蒸し上げる中華点心から
繊細に仕上げたい茶碗蒸しまで。
火力調整が思いのままのＩＨは
蒸し料理にも威力発揮。

ぷりぷりでジューシー、
おいしさの秘訣は強火蒸し

しゅうまい

材料（30 個分）

しゅうまいの皮…30 枚
豚ばら薄切り肉…360g
玉ねぎ…大 1/2 個（120g）
片栗粉…大さじ 4

A
- ねぎ（みじん切り）…大さじ 1
- 生姜（みじん切り）…小さじ 1/2
- 塩…小さじ 1/3
- 醤油…大さじ 1 弱
- オイスターソース…小さじ 2
- 酒…大さじ 1
- 砂糖…小さじ 1
- 溶き卵…大さじ 2
- ごま油…大さじ 1/2

芥子、醤油…各適宜

直径 23cm浅型両手鍋（容量 2.5ℓ）と蒸し板

しゅうまいのたねを作り、皮で包む

1 玉ねぎはみじん切りにし、ボウルに入れて片栗粉を加え（a）、菜箸で混ぜ合わせておく。

2 豚肉は包丁で細かく切り、さらにたたいておく。

3 豚肉をボウルに移し **A** を加え、手を使って充分に粘りが出るように混ぜ合わせる。

4 玉ねぎを加え混ぜる。30 等分にしてしゅうまいの皮で包む。

5 写真のように指で輪を作り、中にしゅうまいの皮を入れて、たねを詰める。上面を小さなへらやテーブルナイフなどで平らにする（b）。

ＩＨ 調理（鍋に蒸し板を入れて蒸す）

6 鍋の底に水を適量入れ、蒸し板に薄く油を塗ってしゅうまいを並べてセットし、布巾を挟んで蓋をする（c、d）。

7 **強火**にかけ、蓋から蒸気が漏れるようになったら、**強火弱**で 7 ～ 10 分蒸し上げ、器に盛る。好みで芥子、醤油を添える。

水を張った鍋にせいろを重ねて蒸してもよい。せいろは木製なので、ガス火では鍋の縁や輪の台にあたる部分が焦げていくが、ＩＨなら焦げる心配はない。

a

b

c

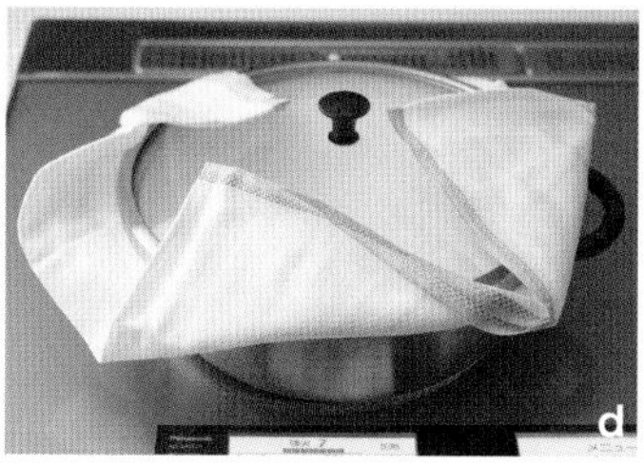
d

湯気が蒸し器内で水滴となって落ちないように、蒸し器の蓋を布巾でカバーする。ＩＨなら直火で燃える心配はないので、蓋で挟むだけでよい。

具だくさんあんをたっぷり。
大きく作ってご馳走仕立てに

彩り茶碗蒸し

材料（3～4人分）

卵…2個
だし…250mℓ

A	みりん…小さじ1/2 塩…小さじ1/2 醤油…少々

あん
椎茸…1枚
鶏ささみ…50g
ゆり根…1/5株（30g）
海老…2尾（30g）
銀杏…4～5個
三つ葉…少々

B	だし…150mℓ 塩…小さじ1/3 酒…小さじ1

片栗粉…小さじ2

直径23cm浅型両手鍋（容量2.5ℓ）
直径15cm片手鍋（容量1.0ℓ）

下ごしらえ（あんの具を用意する）

1 椎茸は1cmの角切り、鶏ささみは筋を取り1cm角に切る。ゆり根は1枚ずつはがしておく。海老は殻と背わたを取り除き、1cm幅に切る。銀杏は殻と薄皮をむいて半分に切る。三つ葉は1cm長さに切る。
銀杏は軽く割ってから電子レンジに40秒かけると殻を外しやすい。

茶碗蒸しの生地を用意する

2 小鍋にだしを強火弱で温め、**A**を加え、塩を溶かし混ぜる。ボウルに卵を割りほぐし、だしを温かいまま、少しずつ加えて混ぜる（だしは80℃以下であれば卵は固まらない）。茶こしで漉しながら器に入れる。

IH調理（茶碗蒸しを湯せんで蒸し、あんを仕上げる）

3 鍋にペーパータオルを一枚敷いて**2**の器を入れ（a）、湯を4～5cm高さになるように入れる。布巾を挟んで蓋をし、強火にかける（b）。沸騰したら1～2分中火強にかけ、その後蓋を少しずらして弱火で11～12分蒸す。
火力が強すぎると器が躍り、スも入るので注意。

4 小鍋に**B**のだしを入れて中火強にかけ、煮立ったら**B**の調味料を入れ、**1**の椎茸、鶏ささみ、ゆり根、海老を加え、3～4分蓋をして中火弱で煮る。

5 片栗粉を同量の水で溶いて**4**に加え、とろみをつける。最後に三つ葉と銀杏を加え、**3**の茶碗蒸しの上にかける。

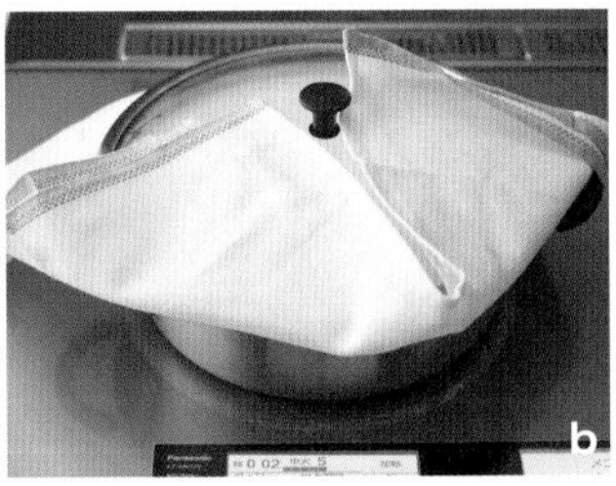

茶碗蒸しの表面が艶やかに仕上がらなくても、具だくさんあんをかけることで目立たなくなり、ご馳走感も演出できるレシピ。茶碗蒸し用の筒形の器でなく、写真のような平鉢で大きく作るとよい。

IH の強い火力で中まで蒸気を通して、淡泊な持ち味を引き出す

白身魚の中華蒸し

材料（2 人分）

生たら（切り身）…2 枚
長ねぎ（青い部分）…1 ～ 2 本分
紹興酒（または酒）…小さじ 2
生姜（薄切り）…3 ～ 4 枚
A
　醤油…小さじ 2
　オイスターソース…小さじ 1
　酒…大さじ 1
　砂糖…小さじ 1
白髪ねぎ…1/2 本分
生姜（千切り）…1 かけ分
香味油
　サラダ油…大さじ 1
　ごま油…小さじ 1
香菜…適量

※魚はさわらや金目鯛などの切り身でもよい。

直径 23㎝浅型両手鍋（容量 2.5ℓ）と蒸し板
直径 15㎝片手鍋（容量 1.0ℓ）

下ごしらえ

1 ねぎの青い部分はぶつ切りにする。鍋に入るサイズの皿にねぎを並べ、その上にたらの切り身をのせる。紹興酒をふり、生姜の薄切りをのせる。

IH 調理（蒸し器で皿ごと魚を蒸す）

2 鍋の底に水を適量入れ、蒸し板の上に 1 をのせてセットする（a）。蓋をして強火弱にかけ、蓋の端から蒸気が出てから 8 分ほど蒸す。

たれを作り、薬味と香味油をかけて仕上げる

3 器を取り出し、魚の下に敷いたねぎと生姜の薄切りを取り除き、皿に出た蒸し汁 50㎖を小鍋にとる。汁が足りなければ水を足し、A を加えて中火でひと煮立ちさせる。

4 蒸し上がった魚に 3 をかけ、白髪ねぎと千切り生姜をのせる。温めた香味油を上からジャッとかけ、香菜を散らす。

a

フライパンで蒸し煮に。柚子バターソースで香り高く

サーモンのわかめ蒸し

材料（2 人分）

生サーモン（切り身）…2 枚（250g）
塩…小さじ 1/2
塩蔵わかめ…15g
赤パプリカ…1/4 個（40g）
玉ねぎ…1/4 個　50g
ズッキーニ…1/4 本（40g）
柚子バターソース
　柚子の果汁…小さじ 1
　バター…大さじ 3（約36g）
　塩…小さじ 1/3
　こしょう…少々
柚子の皮…少々
※柚子はレモンに替えてもよい。

25cmフライパン
口径 18cm（底径 12cm）片手鍋（容量 2.0ℓ）

下ごしらえ

1 サーモンに塩をふり、なじむまで室温で 10 分ほどおく。

2 わかめは洗って塩を落とし、水に 5 分ほど浸してよく水気を絞り、食べよい大きさに切る。赤パプリカ、玉ねぎ、ズッキーニは 7㎜のサイコロ状に切る。

IH 調理（フライパンで蒸し煮にする）

3 フライパンにわかめを敷き、野菜を広げ、サーモンを並べ入れる。水 50mℓを鍋肌から加え（a）、蓋をして強火にかける。

4 蓋の端から蒸気が漏れてきたら中火弱にして 3 分蒸す。火を止めて蓋をしたまま 5 分ほど蒸らす。

柚子バターソースを作り、仕上げる

5 鍋に柚子の果汁と水小さじ 2 を入れ、中火弱で温める。火から外して冷たいバターを小さく切ったものを加え、泡立て器で溶かし混ぜ、塩、こしょうで味を調える。

6 サーモンをわかめや野菜と一緒に器に盛り、上から **5** のソースをかける。柚子の皮のすりおろしを散らす。

a

野菜の一番おいしい食べ方は、シンプルなフライパン蒸し

蒸し野菜

材料（2～4人分）

かぼちゃ…1/16個（100g）
ブロッコリー…1/4個（60g）
さつまいも…1/3本（60g）
とうもろこし…1/2本（100g）
かぶ…1個（90g）

※野菜はカリフラワー、ズッキーニ、れんこん、キャベツ、大根、にんじんなどもおすすめ。

25㎝フライパン

下ごしらえ

1 かぼちゃはくし形切りに、ブロッコリーは小房に分ける。さつまいもは斜め1㎝幅に切る。とうもろこしは4等分の筒切りに、かぶは茎を3㎝ほど残して縦4等分に切り、皮をむく。

IH調理（フライパンで蒸す）

2 フライパンに野菜を並べ入れる。発熱温度の高い中央部には硬めの野菜を。柔らかい野菜はフライパンの中心を外し、重ねるようにして置く。

3 70㎖の水を加え、蓋をして**中火弱**にかける。蓋から蒸気が出てきたら**弱火**にして8分ほど蒸す。火を止めてそのまま5分ほど蒸らす。

4 器に盛り、好みのソースを添える。

北イタリアの郷土料理にヒントを得たアンチョビとにんにくの病みつきソース。

バーニャカウダソース

材料（作りやすい分量）

にんにく…25g
アンチョビペースト…大さじ1（12g）
オリーブ油…大さじ2
牛乳…小さじ1/2

1 にんにくは皮と芽を取り除き、少し大きめの耐熱ボウルに入れ、かぶるくらいの熱湯を注ぐ。ラップをせずに電子レンジ600Wに1分かける。湯を捨て、同じことをもう2回くり返し、にんにくを柔らかくする。

2 1のにんにくをボウルの中でフォークなどを使って完全につぶし、牛乳を加える。アンチョビを加えてラップをふんわりかけ、もう一度電子レンジ600Wに1分かける。

3 丁寧に混ぜ合わせ、オリーブ油を少しずつ加えてなじませる。

ミルクとチーズのクリーミーなソース。ブルーチーズにすれば、大人の味に。

チーズソース

材料（作りやすい分量）

溶けるチーズ（ピザ用シュレッドチーズ）…70g
牛乳…100㎖
片栗粉…大さじ1/2
塩…小さじ1/4
こしょう…少々

直径15㎝片手鍋（容量1.0ℓ）

1 小鍋に牛乳、塩、こしょうを入れて**中火強**にかける。温まったらチーズを少しずつ加え、溶かす。

2 片栗粉を同量の牛乳（分量外）または水で溶き、**1**に加え混ぜて、よく火を通す。

柔らかい野菜は鍋底に
広げず、重ね置く。水
を加えて蒸し焼きに。

揚げる

ＩＨに変えて一番感激するのが、
揚げ物がとてもラクなこと。
プロ並みのきれいな揚げ上がりも思いのまま。

パリッとクリスピー。一度にたくさん入れてもOK

春巻き

材料（2～3人分）

春巻きの皮…6枚
豚ロース肉（薄切り）…100g
椎茸…1個（35g）
ゆで筍…40g
もやし…1/4袋（60g）
にら…1/2束（50g）
春雨…15g

A
オイスターソース…大さじ1強
片栗粉…大さじ1強
ごま油…小さじ1

揚げ油…適量

25cmフライパン

a

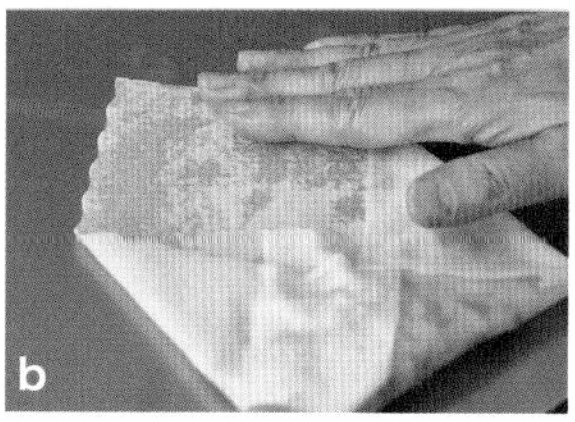
b

c

あんを作り春巻きの皮で包む

1 洗ったもやしは手で軽く握って折る。椎茸は薄切り、筍は細切り、豚肉は5mm幅に切る。にらは3cm長さに切り、春雨はさっと水に通してはさみで2cm長さに切る。

2 1をボウルに入れ、Aを加えてよく混ぜる。

3 2を6等分にして春巻きの皮の中央に置き（a）、封筒を作るように3隅を折ったら、水をのりのように塗って巻く（b、c）。
写真aのように春巻きの皮6枚をトップレートに広げると作業しやすい。フラットなIH台は日頃から清潔に保っておくと格好の作業台。生地をこねたりするのにも最適。

IH調理（フライパンで一度に揚げる。170℃設定に）

4 揚げ物設定で170℃にした油に3を入れ、上下を返しながら約5分ゆっくりと揚げる。
油の中に春巻きを全量入れてもOK。IHヒーターは温度復帰が早いので、小分けに入れて揚げる必要はない。

5 揚がったら油を切り、切り口が斜めになるように2等分に切って皿に盛る。好みで酢や芥子を添える。

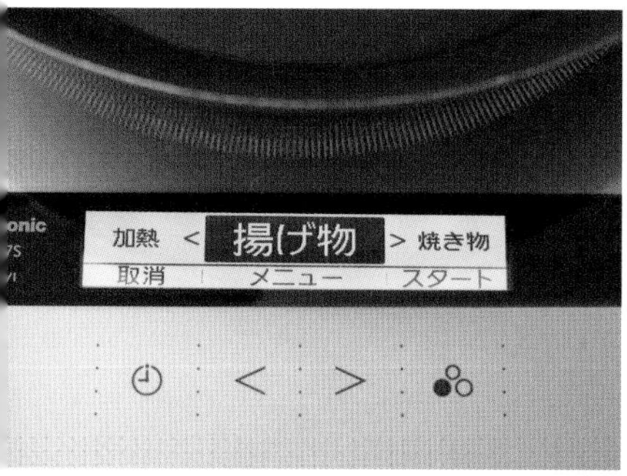

素材ごとに温度設定を変えるだけ。天ぷらに自信が持てます

海老と野菜の天ぷら

材料（２人分）
海老…４尾
大葉…２枚
かぼちゃ（1㎝厚さのくし形切り）…４切れ
椎茸…２個
なす…1/2 個
れんこん（1㎝厚さの輪切り）…４枚

A　薄力粉…50g
　　冷たい炭酸水…90 ～ 100㎖
揚げ油、薄力粉…各適量
天つゆ…適量

口径 18㎝（底径 12㎝）
片手鍋（容量 2.0ℓ）

下ごしらえ

1 海老は尾の部分を一節残して殻をむき、背わたを取り除く。腹側に３～４か所、包丁で斜めに軽く切り込みを入れ、まな板の上に置いて背を軽く押し、まっすぐになるよう伸ばす。尾は先を少し切り、中に残っている水分を押し出す。ペーパータオルで水気をしっかり拭き取る。

2 大葉は軸を切る。かぼちゃは皮をところどころむく。椎茸は軸を落として半分に切る。なすは２つに切り分け、皮に軽く切り込みを入れる。れんこんは輪切りにし、水にさらす。

3 ボウルに A の薄力粉と冷たい炭酸水を入れて軽く混ぜ、衣を用意する。

ＩＨ調理（素材ごとに温度を変えて揚げる）

4 鍋に油を入れ、揚げ物設定で揚げ油を 150℃にする。大葉の裏に薄く薄力粉をつけ、この面に衣をつけて色よく揚げる。

5 160℃に設定温度を変える。水気を拭いて薄力粉を薄くまぶしたかぼちゃに衣をつけてゆっくりと揚げる。

6 170℃に設定温度を変える。椎茸に薄く薄力粉をまぶして衣をつけカラリと揚げる。

7 180℃に設定温度を変える。なすに薄く薄力粉をまぶしてから衣をつけてカラリと揚げる。続いて水気を拭いたれんこんも同様に揚げる。

8 190℃に設定温度を変える。海老に薄力粉を薄くまぶしてから衣をつけて油に入れ、海老から出る水分がパチパチと跳ねる音がしてきたら取り出す。
野菜は油の泡が少し小さくなれば揚げ上がり。海老などは中から出る水分の音で揚げ上がりを判断する。

天つゆ

だし 160㎖に醤油、みりん各 40㎖を合わせてひと煮立ちさせる。

150℃
大葉

160℃
かぼちゃ

170℃
椎茸

180℃
なす、れんこん

190℃
海老

海老は尾の先を少し切り、中の水分を押し出す。

揚げ物の習慣が変わる

揚げ物が億劫なのは、匂いが部屋に残ることや油の飛び散り。ＩＨでは、ガス火のように燃焼による上昇気流が起こらないので匂いや空気の汚れが少ない。写真はＩＨ台の油の飛び散り対策の１例。新聞紙からリングの部分を余裕をもって切り抜き、揚げ鍋の周りに敷く。火のないＩＨだから紙に燃え移ることもなく、リングの外側は発熱しないのでトッププレートに直接紙類を置いても OK。ただし天面３つ口のひとつが、ＩＨではなくラジエントヒーターの場合は、着火する可能性があるので同時に使わない。

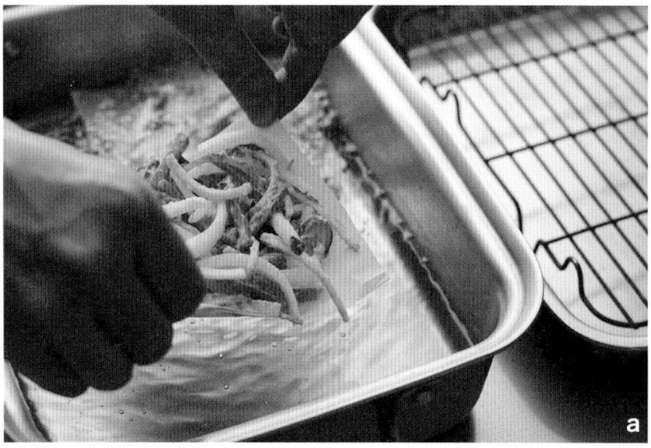

きれいにまとまるコツ教えます

野菜かき揚げ

材料（4 個分）

にんじん…1/4 本（35g）
椎茸…1 枚（30g）
玉ねぎ…1/4 個（50g）
ごぼう…1/4 本（30g）
三つ葉…4 ～ 5 本
薄力粉…大さじ 1
A 薄力粉…大さじ 2
　米粉＊…大さじ 1
　冷たい炭酸水…大さじ 3 ～ 4
＊米粉がなければ薄力粉大さじ 3 でよい。

揚げ油…適量
天つゆ（P80 参照）

28cm× 22cmの
W角鍋（容量 3.3ℓ）

下ごしらえ

1 野菜はすべて長さ 4cmのやや太めの千切りにする。ごぼうは水にさらしてからザルにあけ、水気をよく取る。

2 1 の野菜をボウルに入れ、薄力粉大さじ 1 をふり入れ全体にからめる。

3 2 のボウルに A を合わせたものを少しずつ、混ざり具合を見ながら加え混ぜる。

4 10cm角に切ったオーブンペーパーを 4 枚用意し、上に油を塗っておく。

IH 調理（オーブンペーパーにのせて揚げる。170℃設定）

5 3 を 4 等分にして 4 のオーブンペーパーの上にのせ、170℃に設定した油の中に静かに入れる（a）。

6 火が通ってくると下のオーブンペーパーをはがせるので取り出し（b）、かき揚げを裏返して 2 ～ 3 分カラリと揚げる。

7 器に盛り、天つゆを添える。

かき揚げはオーブンペーパーを 10cm角に切った上にのせて、揚げ油に。W 角鍋は深鍋と浅鍋がセットになったもの。深鍋で揚げて浅鍋をバットとして使っている。

パン粉サクサクで
海老はふわっとが理想

海老フライ

材料（2人分）

海老…6尾

A
- 卵…1/2個
- 塩…小さじ1/4
- こしょう…少々
- サラダ油…大さじ1/2

薄力粉、生パン粉…各適量
揚げ油…適量

付け合わせ
サラダ菜、キャベツの千切り、トマト、きゅうり…各適量
タルタルソース（P127参照）

口径18cm（底径12cm）片手鍋（容量2.0ℓ）

下ごしらえ

1 海老は尾を一節残して殻をむき、背わたがあれば取り除く。腹側に3～4か所、包丁で斜めに軽く切り込みを入れ、まな板の上に置いて背を軽く押し、まっすぐになるよう伸ばしておく。尾は先を少し切り、中の水分を押し出し、水気をペーパータオルでしっかり拭き取る。

2 **A**を小さめのボウルに入れてよく混ぜ合わせ、バットに移す。別のバットに生パン粉を入れる。

3 海老に薄く薄力粉をつけ、**A**の卵液にくぐらせて生パン粉をたっぷりとつける。この時パン粉は払わないようにする。

IH調理（170℃設定、短時間で揚げる）

4 170℃設定で温めた油に**3**をパン粉を軽く払って入れ、2～3分揚げる。カラリと揚がったらペーパータオルにのせ、油をよく切る。

5 付け合わせの生野菜と器に盛り、タルタルソースを添える。

180℃

大きなカツより調理がラクなひと口サイズがおすすめ

ひと口カツ

材料（2人分）

豚ヒレ肉…230g（約1/2本）

A
- 卵…1/2個
- 塩…小さじ1/4
- こしょう…少々
- 油…大さじ1/2

薄力粉、生パン粉…各適量

揚げ油…適量

付け合わせ

大葉入りキャベツの千切り（P127参照）

※豚肉はヒレ肉でなく肩ロース肉をひと口大に切ってもよい。

口径18cm（底径12cm）片手鍋（容量2.0ℓ）

下ごしらえ

1 ヒレ肉はひと口大（1.5cm厚さ）に切り分ける。

2 Aを小さめのボウルでよく混ぜ合わせ、バットに移す。別のバットに生パン粉を入れる。

3 肉の水気をペーパータオルで拭き、薄力粉を薄くつける。Aの卵液にくぐらせ、生パン粉をたっぷりつける。この時パン粉は払わないようにする。

IH調理（170℃予熱、肉が入ったら180℃設定）

4 油を170℃に予熱をかけ、3をパン粉を軽く払って油に入れる。180℃に設定温度を変え、4～5分かけて揚げる。

肉の場合、予熱をかけるのは、初めから180℃だと肉の中心部まで火が通らない可能性があるため。

5 揚げたカツはバットなどに立てかけて油を切る。器に盛り、大葉入りキャベツの千切りを添える。

※一枚もののトンカツの場合、重いので揚げ油の底に沈み、パン粉が鍋底にあたって焦げてしまうことも。揚げ油の底にオープンペーパーを沈めてから揚げるとよい。

180℃

二度揚げすることでおいしさがぐっと増す

フライドポテト

材料（作りやすい分量）
じゃがいも（男爵系）…小８個
塩（微細のもの）…適量
揚げ油…適量

口径 18㎝（底径 12㎝）片手鍋（容量 2.0ℓ）

下ごしらえ

1 じゃがいもは皮をむかずに半分に切り、水にさらす。

ＩＨ 調理（二度揚げする。最初は 150 ～ 160℃、次は 180℃設定）

2 油を 150 ～ 160℃に予熱をかけ、水を切ったじゃがいもを入れ、軽く混ぜる。じゃがいも全体から泡が立って、じゃがいもが透き通ってきたら鍋を前後にゆする。じゃがいもの周りが少し固まってきたら軽く混ぜ、さらに周りがしっかり揚がったら鍋から取り出して、塩をふる。

3 油を 180℃の設定温度に変え、じゃがいもを戻し入れてよい色がつくまで揚げる。

4 ペーパータオルにとって油を切り、塩をふる。

※揚げたじゃがいもに塩がからみにくいので塩を二度かけているが、塩気が足りなければ塩をつけながら食べても。トマトケチャップを添えてもよい。
※油の量はじゃがいもを入れてひたひたになる程度に。

冷凍フライドポテトの場合は

冷凍食品を揚げる時は、解凍せずに凍ったまま油の中に入れる。ＩＨは温度復帰が早く、また一度に量をたくさん入れても大丈夫。ガスの火よりもカラリと揚がる。

180～200℃

高温・短時間で揚げるからおいしい

いかの唐揚げスペイン風

材料（2人分）
いか…大1ぱい（250g）
パセリ…適量
薄力粉…大さじ1と1/2
塩、こしょう…各少々
揚げ油…適量

口径18cm（底径12cm）片手鍋（容量2.0ℓ）

下ごしらえ

1 いかは脚とワタを胴から引き抜き、胴は軟骨を取り除いて5㎜幅の輪切りに、脚は食べやすい大きさに切る。いかの水気をペーパータオルでよく取り除く。

2 パセリを一口大に切り、洗ってよく水気を取り除く。

IH調理（140～150℃予熱でパセリを揚げ、180～200℃設定でいかを揚げる）

3 油を140～150℃に予熱をかけ、パセリを加え1～2分、泡がほぼ出なくなるまで揚げ（a）、ペーパータオルにとって油を切る。この時、油ハネを避けるため鍋に紙で蓋をする（b）。

4 ポリ袋に薄力粉と塩、こしょうを入れてよく混ぜ合わせた中に1のいかを入れる。ポリ袋に空気を入れて膨らませ全体によく粉がつくようにする。

塩を含んだ小麦粉なので、しばらくおくといかの水分が出てベタベタになる。揚げる寸前に一気にまぶして粉がサラサラのうちに油に入れるのがポイント。

5 油を180～200℃の設定温度に変え、4のいかを入れカラリとするまで揚げる。

いかはすぐに硬くなるので、ここでは高温で短時間の揚げ方で。

6 器に盛り、3の揚げパセリを散らす。

a

b

200℃

なにかと重宝するボリュームおかず

鶏の竜田揚げ

材料（2人分）

鶏もも肉…1枚

（筋や脂を取って正味 300g）

A
- 醤油…大さじ1強
- 生姜の搾り汁…小さじ2
- にんにく（すりおろし）…1/2片分

片栗粉…大さじ4

薄力粉…大さじ2

揚げ油…適量

レモン…適量

口径 18㎝（底径 12㎝）片手鍋（容量 2.0ℓ）

下ごしらえ

1 鶏肉の余分な筋や脂を取り、ひと口大に切る。ポリ袋に入れ、**A** を加えて揉み込み、15 分以上室温におく。

2 袋をハサミで開き、片栗粉と薄力粉を加えて鶏肉にまぶす。この時一度に粉類を加えず、まず半量ずつ加えてまぶし、残り半量を揚げる直前にまぶすとカラリと揚がる。

IH 調理（170℃予熱、肉が入ったら 200℃設定に）

3 油を 170℃に予熱をかけ、**2** を入れる。全量を入れたら 200℃の温度設定に変える。

肉の場合、低めに予熱をかけるのは、初めから 200℃の高温だと肉の中心部まで火が通らない可能性があるため。

4 軽く全体を混ぜながら約5分、浮いてくる泡が段々大きくなり、パチパチ音がするようになったらペーパータオルを敷いたバットに上げて油を切る。

5 器に盛り、くし形に切ったレモンを添える。

揚げ物が億劫なのは洗い物が多いことも理由のひとつ。下ごしらえにポリ袋を活用すれば断然ラクに。下味の漬け込みも、粉をまぶすのも、同じ袋の中ですませて、直接揚げ油に入れるだけ！

揚げ油の量のこと

ＩＨの揚げ物設定では、油量は 200 ～ 800g かつ鍋の中の深さが 1 cm 以上ある状態で調理する。油量が 200g 未満、深さ 1 cm 未満では火災のおそれがあるため高温の揚げ物設定は NG。なおＩＨクッキングヒーターの揚げ物の油温は油量 800g までの調理を基本としている。800g を超える油量では温度が正しく上がらないこともある。

揚げ物設定を使わずに
薄い肉のカツレツは揚げ焼きで

ミラノ風カツレツ

材料（2 人分）

豚ロース肉（とんかつ用）…2 枚（1 枚約 110g）

A
- 卵…1/2 個
- サラダ油…大さじ 1/2
- 塩…小さじ 1/4
- こしょう…少々

乾燥パン粉…適量
薄力粉…適量
揚げ油…適量
クレソン…適量
ダブル・トマトソース（P127 参照）

25㎝フライパン

a

下ごしらえ

1 豚肉は包丁の先で筋を切り、ラップをかぶせて麺棒でたたき伸ばす。

2 A を小さめのボウルに入れてよく混ぜ合わせ、バットに移す。別のバットに乾燥パン粉を入れ、手で揉んで細かくしておく。

3 豚肉の両面に薄く薄力粉をまぶし、A の卵液にくぐらせてパン粉を両面にしっかりつける。

ＩＨ 調理（少なめの油でフライパンで揚げ焼きに）

4 フライパンの底にまわるくらいの油を入れて**中火強**にかける。

5 肉を入れたら、**中火～中火強**に調整しながら両面を揚げ焼きにする。周囲のパン粉が揚がって少し固まってきたら裏返し、大きなスプーンなどで熱い油を肉の上にかけながら、きつね色になるまで揚げ焼きにする（a）。

6 ペーパータオルにとって、油をよく切る。器に盛り、クレソンとダブル・トマトソースを添える。

WAKI流・調理のテクニック
── IHだとこんなに便利

トッププレートに凹凸がないこと、炎がないことなどを利用した調理テクニック。IHならではの便利技です。
レシピ内で見せたコツとも重複するかもしれませんが、〝トッププレートが平らだからできること〟脇雅世さん流を教えます。

バット不要。揚げ物を直接紙にとれる

直接紙にとればわざわざバットを出す必要がないし、洗い物も少なくて大助かり。【注意：この時ラジエントヒーターは着火する可能性があるので同時に使わない】

とろ火にかけながら、タオルで放熱防止も

鍋をタオルでくるんで鍋からの放射熱を防ぐ方法も、ＩＨならごく弱い火力で加熱しながらが可能。【注意：この時ラジエントヒーターは着火する可能性があるので同時に使わない】

フラットなので鍋をずらして加熱できる

トッププレートがフラットなので、フライパンをずらせば一部だけ加熱することができます。たとえばアスパラガスの根元だけ強火でゆでるなど。

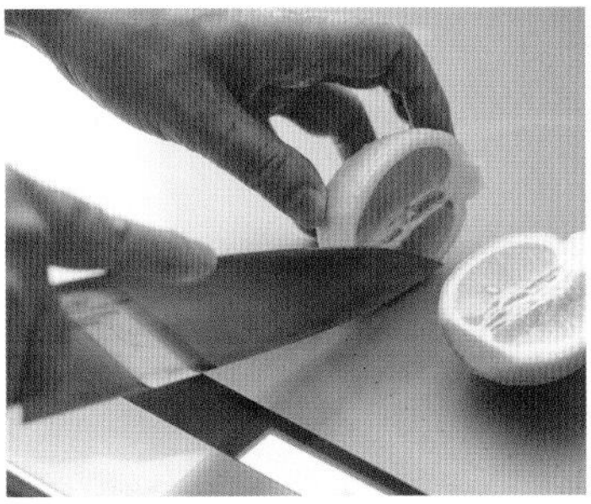

ちょっとした切りものもできる

トッププレートは強化ガラスなので、レモンやすだちなどちょっとしたものを切ることも。なお、ＩＨがオンの場合でも包丁は接地面が足りないので通電しません。

生地をこねたり、伸ばしたり

粉生地をＩＨ台で作るのもOK。トッププレートを調理台として見ると、いろいろ可能性が広がります。もちろん日頃から清潔に保つことが大前提。

調味料や材料を置いて調理台に使える

さぁ、一気にお料理スタート！という時に、下ごしらえした材料や調味料など、鍋のまわりに置くと忘れ物もないし安心。

※ＩＨクッキングヒーターは天面３つ口の場合、３つすべてがＩＨのものと、２つはＩＨだが残りひとつがラジエントヒーターのものがある。ラジエントヒーターは、ＩＨでは使えない土鍋などが使えるコイル式の電熱器。

IHクッキング・レシピの火加減の目安

本書での火加減表記	とろ火	弱火弱	弱火	中火弱	中火	中火強	強火弱	強火	強火強	極強火
IHヒーター消費電力※	110W	235W	370W	500W	700W	1000W	1450W	2000W	2500W	3000～3200W
焼く				中までじっくり（ハンバーグ、餃子など）		焼き色をつける		表面をサッと焼く（ステーキなど、旨味を閉じ込める）		
炒める				焦がさずに炒める（玉ねぎなど）				手早く炒める（野菜炒めなどをシャキッと）		
煮る		煮込む（カレー、ラタトゥイユなど）			サッと煮る（煮魚など）			煮立てる		
ゆでる					ゆでる（根菜、麺類）			サッとゆでる		湯を沸かす（パスタなど）
温める	保温		温め直し		予熱をかける					
蒸す			蒸す（茶碗蒸しなど）					均一に蒸す（強めの蒸気で、肉まんなど）		
揚げる 温度（℃）			140℃	150℃	160℃	170℃	180℃	190℃	200℃	
卓上IH（100V）										

※この表の消費電力W数はPanasonicビルトインタイプを基準にしています。

Chapter 2

ＩＨを使いこなしてレパートリー広がる

中級編

おもてなし料理やスイーツなど、覚えておくと重宝するご馳走レシピから基本のご飯物まで。本章はレパートリーが広がる中級編としましたが、難易度が高いわけではないので、気に入ったレシピからどうぞお試しください。特にホワイトソースやお菓子など、ガス火ではちょっと難しかったレシピもIHだったら、本当にスムーズに作れるので感激しますよ。

- おもてなしレシピ
- お菓子作りに差がつく ＩＨ調理テクニック
- ご飯物
- ＩＨと調理器具のお話
- ＩＨ調理 テクニック・ノート
- ＩＨメンテナンス術
- ＩＨ調理のルール

おもてなしレシピ

大定番のミートソースや
ホワイトソースなど
ＩＨの特性を活かしたレシピ、
またフライパンや鍋で簡単に
作れるご馳走を集めました。

なすとミートソースの重ね焼き

ミートソースを仕込んだら、さまざまな展開料理で楽しめます。パスタはもちろん、なすのソテーと重ねてグリルで焼けば、ボリュームあるメインディッシュに（P94 参照）。

たっぷり仕込んでパスタに、メインに

ミートソース

下ごしらえ

1 玉ねぎ、セロリ、にんじんはみじん切りにする。

2 干し椎茸は水に浸して戻し、みじん切りにする。トマト缶がホールトマトの場合はつぶしておく。

ＩＨ 調理

（香味野菜とひき肉は別々に火入れして合わせ、じっくり煮込む）

3 鍋にオリーブ油半量をひき、**1** の野菜と塩少々（分量外）を入れ、**中火**でしんなりするまで炒める。

4 フライパンに残りのオリーブ油を入れて予熱をかけ、牛ひき肉をパラパラになるまで**強火**で炒める。赤ワインを加えて煮立て、アルコール分をしっかり飛ばす（a）。**3** の鍋に加える（b）。

5 **2** の椎茸と **A** を加え（c）、時々混ぜながら**中火**にかけ、煮立ったら**弱火**にしてアクを取る。

6 蓋をし、時々かき混ぜながら**弱火**で 1 時間煮る。

7 小さなボウルに **B** を入れて混ぜ合わせたものを **6** の熱い中に加える（d）。時々シリコンベらで鍋底からよく混ぜながら約 15 分煮る。

8 にんにくが柔らかくなったら、へらの腹で押しつぶし（e）、全体をよく混ぜながら水分を飛ばし、艶が出たら火を止める。

a

b

c

d

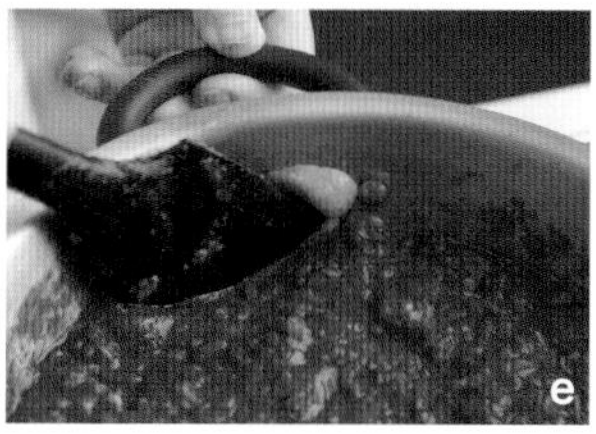
e

一度にたくさん仕込んでおきたいのがミートソース。小分けにして冷凍保存すれば、約２か月はおいしく使えて、グラタンにパスタソースにと大活躍。干し椎茸はポルチーニ代わりだが、味わいがぐっと深くなるのでぜひ加えて。

材料（でき上がり約 1800g 分）

牛ひき肉…500g
玉ねぎ… 1 個（200g）
セロリ…2/3 本（100g）
にんじん…2/3 本（100g）
干し椎茸…8 枚 （80g）
オリーブ油…大さじ 4
赤ワイン…300mℓ

A
- トマト缶＊…2 個（800g）
- ローリエ…1 ～ 2 枚
- 水、または干し椎茸の戻し汁…200mℓ
- 塩…大さじ 1
- 砂糖…大さじ 1 強
- にんにく…3 片

B
- 薄力粉…大さじ 2
- オリーブ油…大さじ 1

＊トマト缶はホールでもカットでもよい。

25㎝フライパン
直径 23㎝深型両手鍋（容量 4.4ℓ）

IHなら本当に上手に作れます

ホワイトソース

材料（でき上がり 400g 分）
バター…大さじ 2（約24g）
薄力粉…大さじ 3（約24g）
牛乳…400mℓ

口径 18cm（底径 12cm）片手鍋（容量 2.0ℓ）
直径 15cm片手鍋（容量 1.0ℓ）

下ごしらえ

1 鍋にバターを入れて**中火弱**にかけて溶かし、鍋を一度火から外して薄力粉を加え、泡立て器でよく混ぜる（a）。

2 鍋を**中火**にかけて泡立て器で混ぜながら白っぽくなるまで粉に火を通す（b、c）。

3 小鍋に牛乳を**中火強**で温め、**2** に一度に加える（d）。泡立て器で混ぜながら**中火強**にかけ、煮立ってとろみがつくまで 1 〜 2 分煮る。

熱の伝わり方が均一で、鍋肌が焦げにくいＩＨは、ホワイトソースのような濃度のあるソースを作るのに最適。仕上がりがとてもなめらか。

グリルで仕上げてあつあつをどうぞ

なすとミートソースの重ね焼き

材料（2 〜 3 人分）
なす…3 個（250g）
塩…小さじ 1/2
ミートソース（P93 参照）…400g
オリーブ油…大さじ 1 と 1/2
ピザ用シュレッドチーズ…120g

25cmフライパン

下ごしらえ

1 なすはヘタを切り落とし、縦 1 cm 厚さに切って軽く塩をまぶしておく。フライパンにオリーブ油を入れて予熱をかけ、なすの水気を拭いて並べ入れ、両面を**中火**で焼き色が付くように焼く（a）。

ＩＨ 調理（耐熱容器に入れて、グリルで焼く）

2 耐熱容器に 1/3 量のミートソースを入れ、半量のなすを並べる。1/3 量のミートソースを上に塗り、半量のチーズを散らす。

3 上に残りのなすを並べ、残りのミートソース、チーズの順に重ねる。ＩＨ グリルに入れ、**180℃**で焼き色がつくまで約 15 分焼く。

とろりクリーミー。秋冬のご馳走の代表格

しめじと帆立のマカロニグラタン

材料（2～3人分）
しめじ…1パック（100g）
玉ねぎ…1/2個
帆立貝柱…4個（100g）
マカロニ…50g
ホワイトソース
　バター…大さじ2（約24g）
　薄力粉…大さじ3（約24g）
　牛乳…400mℓ
塩…小さじ1
こしょう…少々
ピザ用シュレッドチーズ…大さじ2

口径18cm（底径12cm）片手鍋（容量2.0ℓ）
直径15cm片手鍋（容量1.0ℓ）

下ごしらえ

1 しめじは石づきを切り落とし、長ければ半分に切ってほぐす。玉ねぎは1.5cmの角切りにする。帆立貝柱は半分に切る。

2 マカロニは表示より1分短めにゆで、水気を切る。

IH調理（ホワイトソースを作り、具材と合わせる）

3 鍋にホワイトソースを作る（P94参照）。

4 **3**の鍋に塩、こしょうをして玉ねぎとしめじを加え、混ぜながら3分ほど中火弱で煮たら帆立貝柱を加えてサッと火を通す。

IH調理（マカロニを加えて耐熱容器に入れ、グリルで焼く）

5 ボウルにゆでたマカロニと**4**の2/3量を合わせてよく混ぜ、耐熱容器に入れる。上から**4**の残りのソースをのせ、チーズを散らす。

6 180℃のIHグリルで15～20分、表面がきつね色になるまで焼く。

イタリアンの人気メインディッシュを

アクアパッツア

一尾ならかさご、めばる。切り身ではすずき、金目鯛などもおすすめ。切り身で作る時も、手順は同じだが、魚の両面を焼く時に皮目を下にフライパンに入れ、ターナーで押しつけながら焼くと身が反らない。

材料（2人分）

たかべ…1尾（250g）
塩…小さじ1/2
こしょう…少々
あさり…6個
にんにく…1/2片
ミニトマト…5個
オリーブ油…大さじ3
黒オリーブ（種なし）…8個
イタリアンパセリ…適量

25㎝フライパン

下ごしらえ

1 たかべはうろこを落として内臓とえらを取り除き、きれいに洗って水気を拭く。背の厚い部分に包丁で切り込みを入れる。両面と腹の中に塩、こしょうをふり、10分ほどおく。あさりは砂抜きし、洗っておく。

2 にんにくはみじん切り、ミニトマトはへたを取って横半分に切る。

IH調理（魚を焼きつけてから、具材と共に蒸し煮にする）

3 フライパンにオリーブ油大さじ1を入れて**中火**で予熱をかける。水気を拭いたたかべを入れ、スプーンで油をかけながら**中火**で2～3分焼き、両面に焼き色をつける（a）。

4 フライパンのあいたところにオリーブ油大さじ1を入れて、にんにくを加え、香りが出るまで炒める（b）。
オリーブ油ににんにくの香りをつける時は、フライパンを傾けて油を溜めて加熱するとやりやすい。フライパンを傾ける時はフライパンとIHの接点がIHのリングの中央に来るようにし、傾け具合を調節すると通電を保つことができる。

5 フライパンにあさり、黒オリーブ、水70㎖を加え（c）、ミニトマトを入れて蓋をし、**中火強～強火**で3分火を通す。火を止め、そのまま5分おく。

6 鍋の蓋を取り、味見をして足りなければ塩少々（分量外）で味を調える。今一度**強火弱**で煮立て、残りのオリーブ油を入れ（d）、器に盛る。粗みじんに切ったイタリアンパセリを散らす。

具だくさんで華やか。自慢のパーティレシピに

パエリア

材料（4〜6人分）

玉ねぎ…1/2個（100g）
にんにく…1片
パプリカ（黄・赤）…各1/2個
モロッコいんげん…6本
鶏手羽元…6本（250g）
豚肩ロース肉…1枚（100g）
海老（ブラックタイガー）…6尾（120g）
塩…小さじ1/2
こしょう…少々
ムール貝…6個
オリーブ油…大さじ3

A
- ホールトマト（缶）*…100g
- 顆粒コンソメの素…小さじ2/3
- 塩…小さじ1
- こしょう…少々
- パプリカパウダー…小さじ1
- カレー粉…小さじ2/3

米…450g
イタリアンパセリ…少々
レモン…適量

＊トマトはフォークなどでつぶしておく。

直径23cm浅型両手鍋（容量2.5ℓ）
口径18cm（底径12cm）片手鍋（容量2.0ℓ）

下ごしらえ

1 玉ねぎ、にんにくはみじん切り、黄・赤パプリカはそれぞれ1cm幅に切る。モロッコいんげんは硬めにゆでて、斜め半分に切る。

2 豚肉は2cm角に切り、鶏手羽元と一緒に塩をふってなじむまでおく。

IH調理（具材の下調理をして、パエリアを炊くスープを作る）

3 浅鍋を中火強にかけて、水を落としたら玉になって転がるようになるまでしっかり予熱をかける。オリーブ油大さじ1をひき、水気を拭いた鶏手羽元を並べ入れ、きれいな焼き色がつくように中火で焼く（a）。焼けたら取り出す。

4 同じ鍋に豚肩ロース肉を入れて、同様に中火で焼き色をつけるように焼き（b）、取り出す。

5 同じ鍋にオリーブ油大さじ1を加え、背わたを取った海老を中火で炒める（c）。色が赤く変わったら取り出し、冷めたら殻をむき、塩、こしょうをする。

6 片手鍋にムール貝を入れ（d）、水100mℓを加えて蓋をし中火で蒸し煮にする。口が開いたら取り出す。

7 6のムール貝の汁を漉してボウルに取り出す。水を足して600mℓにし、Aを加え、混ぜ合わせる。

IH調理（スープで米を煮て、具材を時間差で加えて仕上げる）

8 5の鍋にオリーブ油大さじ1と玉ねぎ、にんにくを入れ中火にかけて炒め、にんにくの香りが出てきたら、7を注ぎ入れ強火にする。煮立ったら中火にして、米を少しずつ加える（e）。この時、米は洗わずに加える。

9 全体を菜箸で混ぜて、鶏手羽元、豚肉を加える（f）。蓋をして再度煮立ったら、弱火にして約15分間炊く。

10 火を止め、ムール貝と海老、パプリカ、モロッコいんげんを手早く加え（g）、再び蓋をし、そのまま約10分蒸らす。

11 ムール貝や海老、野菜をきれいに並べ直し、粗みじんに切ったイタリアンパセリを散らし、レモンのくし形切りを飾る。

a

b

c

d

e

f

g

生地から手作り。フライパンで簡単に焼けます！

ピッツァ・マルゲリータ

材料（直径 20cm・2枚分）

≪ピッツァ生地≫
強力粉…150g
塩…小さじ 1/2
オリーブ油…小さじ 2

≪トマトソース≫
ホールトマト（缶）＊…100g
塩…小さじ 1/3
こしょう…少々
オリーブ油…大さじ 1
オレガノ（乾燥）…小さじ 1
＊トマトはフォークなどでつぶしておく。

≪トッピング≫
ピザ用シュレッドチーズ…150g
バジルの葉…適量

25cmフライパン

トマトソースを用意する

1 材料をボウルに入れ、混ぜる。

生地を作る

2 ボウルに強力粉、塩を入れ、オリーブ油と水 70 ～ 100mℓを加える。水は状態を見ながら量を調整する。全体に水分がなじんだら作業台に取り出し、艶が出るまで 5 分ほどこねる。ラップで包み 30 分ほどおく。

3 生地を 2 等分にし、1 個を手で直径 15cmほどに軽く伸ばす。分量外の強力粉を台にふり、麺棒を使って 20cmに伸ばす（a）。
フラットなＩＨ台のトッププレートは格好の作業台。ＩＨリング上に生地を置いて同心円状に伸ばしてもよい。

ＩＨ調理（フライパンで焼く）

4 フライパンに **3** の生地を入れて**中火強**にかけ、1 分 30 秒焼く。火を止めて裏返し、**1** のトマトソースの半量を塗って（b）、半量のチーズを散らす。蓋をして**中火**で 10 分ほど焼く（c）。もう 1 枚も同様に焼く。

5 皿に盛り、バジルの葉を散らす。
フッ素樹脂加工のフライパンなら油は不要で、素焼きで OK。

ピッツァ・ドルチェ

材料（直径 20cm・2枚分）

≪ピッツァ生地≫
強力粉…150g
塩…小さじ 1/2
オリーブ油…小さじ 2

≪トッピング≫
クリームチーズ…3 個（約 60g）
冷凍フルーツミックス…（180g）
ピザ用シュレッドチーズ…80g
はちみつ…大さじ 2 ～ 3
ミントの葉…適量

25cmフライパン

生地を作る

1 生地の作り方はピッツァ・マルゲリータと同じ。

ＩＨ調理（フライパンで焼く）

2 フライパンに **1** の生地を入れて**中火強**にかけ、1 分 30 秒焼く。火を止めて裏返し、クリームチーズ半量を軽く塗り広げ、凍ったままのフルーツミックスを半量のせる。半量のピザ用シュレッドチーズを上に散らし、蓋をして**中火**で 10 分ほど焼く。もう 1 枚も同様に焼く。

3 皿に盛り、はちみつをかけ、ミントの葉を散らす。

クリームチーズと冷凍フルーツを利用して。

はちみつをたっぷりかけて、デザート感覚でどうぞ。

人気のおやつ、IHだと焼き色がきれい

ホットケーキ

材料（直径12～13㎝・6枚分）

A
- 薄力粉…200g
- 砂糖…60g
- ベーキングパウダー…小さじ2
- 塩…ひとつまみ

卵…1個
牛乳…150㎖
油…大さじ2
バニラオイル…少々

バター、きび糖シロップ…各適宜

25㎝フライパン

ホットケーキのたねを作る

1 ボウルに A をふるい入れる。粉の中央に卵と牛乳 100㎖を加え、泡立て器でよく混ぜる。

2 油と残りの牛乳、バニラオイルを加え、なめらかになるまでよく混ぜる。

IH 調理（160℃の温度設定で焼く）

3 IHの焼き物温度調節で 160℃に設定して、フライパンを温め、油をひかずに 2 のたねの 1/6 量を流し入れる。たねの硬さによるが、直径 12 ～ 13㎝くらいが目安（a）。
このレシピは厚みを出したいので、たねは少し硬めで、お玉などで広げずに流し入れたままで焼く。シリコンベらなどを使って、一気に流し入れるとよい。

4 蓋をして表面にプツプツと穴が開き、周りが少し乾いてきたら、裏返して同じように蓋をして焼く。

5 器に盛り、好みでバターときび糖シロップをかける。
ベーキングパウダーの入っているものは生地がパサつきやすいので、きび糖シロップ、またはメープルシロップがおすすめ。

きび糖シロップ

小鍋に、きび砂糖 75g、水 50㎖を入れて**中火**にかけて混ぜながら煮溶かし、ひと煮立ちしたら火を止める（煮詰めない）。

オーブンなしで作れる極上ホールケーキ

ミルクレープ

材料（直径 18cm・約 18 枚分）

≪クレープ≫

A
- 薄力粉…90g
- 塩…ひとつまみ
- 砂糖…大さじ 1/2

卵…2個
牛乳…250㎖
バター…20g
油…少々

≪クリーム≫

生クリーム（45%）…200㎖
生クリーム（35%）…200㎖
砂糖…100g
ヨーグルト…250g

いちご…120g

直径 18㎝クレープパン（クレープ専用鉄製フライパン）

クレープのたねを作る

1 ボウルに A を入れ、中央をくぼませて卵を割り入れる。泡立て器で中央から薄力粉と卵を少しずつ混ぜ合わせる。

2 室温に戻したバターを加え、よく混ぜたら牛乳を少しずつ加えて混ぜる。ラップをかけて、ひと晩冷蔵庫におく。

IH 調理（クレープパンで薄く焼く）

3 冷蔵庫から出したクレープのたねは室温に戻す。**中火**でしっかり予熱をかけたクレープ専用鉄製フライパンに油（分量外）をなじませ、直径 18㎝くらいになるよう薄く流し入れ、**中火弱～中火強**で焼く。生地の周りが乾いてきて、薄く焼き色がついたら裏返し、サッと焼いて取り出す（a）。
たねにバターが入っているので、2 枚目からはフライパンに油を塗る必要はない。

組み立て（クリームといちごを挟みながら重ねる）

4 ボウルに生クリームを合わせて砂糖を加え、八分立てにし、充分に水切りしたヨーグルトを加えてよく混ぜる。
ヨーグルトはザルに不織布のペーパーを敷いて 1 ～ 2 時間ほどおいて水切りする。

5 焼き上げたクレープ 2 枚を重ねて皿に置く。上にクレープの間にクリームを塗りながら 5 枚重ね、1㎝角に切ったいちごを挟む。さらにクレープの間にクリームを塗りながら 5 枚重ね、いちごを挟む。最後にもう 5 枚のクレープをクリームを塗りながら重ね、冷蔵庫で 30 分～ 1 時間休ませる。

6 飾りにクリームといちご（分量外）をあしらう。

お菓子作りに差がつく

ＩＨ調理テクニック

細やかな温度調節が可能で、安定した低温が保てるIHはお菓子作りにも活躍してくれます。
オーブンがなくても作れる簡単なスイーツをIHで作ってみましょう。
カスタードクリームやカラメルなどもきれいにできます。
またお菓子作りには不可欠なチョコレートやゼラチンを溶かす作業も、IHの得意技です。

カスタードクリームを作る

材料（作りやすい分量）
卵黄…2個分
グラニュー糖…50g
バニラオイル…少々
コーンスターチ…大さじ1
薄力粉…大さじ1
牛乳…250mℓ

1 ボウルに卵黄とグラニュー糖、バニラオイルを入れよく混ぜる。コーンスターチと薄力粉を加えて混ぜておく（a）。

2 鍋に牛乳を入れ、**中火**で沸騰直前まで温めたら、**1**に2回に分けて加え、泡立て器で混ぜる（b）。

3 **2**を鍋に戻し入れ、**中火〜中火強**でしっかり艶が出るまで泡立て器で混ぜながら煮る（c）。

4 バットにあけて広げ、ラップを表面に張って冷ます。使う時はボウルに入れて泡立て器でとろりとするまで混ぜる。

卵黄とグラニュー糖、バニラオイルを混ぜてから、粉類を加えて混ぜる。

温めた牛乳を2回に分けて加える。

鍋を中火〜中火強にかけ、艶が出るまで混ぜながら火を通す。

ゼラチンを溶かす

ゼラチンは直火にかけると、温度が上がりすぎて固まらなくなるため、ボウルに入れて湯煎で溶かすのが一般的ですが、ＩＨなら最低火力の**とろ火**でゼラチンを煮溶かせます。鍋に水を入れて、粉ゼラチンをふり入れ、ふやけたらＩＨの**とろ火**にかけます。ここに砂糖や果汁を加えれば、ゼリーなどを手軽に作ることができます。

チョコレートを溶かす

チョコレートを溶かすにはきざんでボウルに入れ、湯煎にかけるのが一般的ですが、ＩＨなら直接鍋で溶かせます。チョコレートを割り入れ、ＩＨの**とろ火**にかけて溶かし、シリコンべらを使って、きれいに溶けるまでよく混ぜます。

この時、温度を 50℃以上に上げると溶けたチョコレートが固まらなかったり、固まっても白っぽく粉をふいてしまったりすることがあるので注意する。溶かす量が 150g を超える時は、チョコレートを一度に加えず、まず 2/3 量を入れて溶かし、鍋を火からおろして残りの 1/3 を加えるとよい。

砂糖をカラメリゼする

グラニュー糖を焦がす（カラメリゼ）ことでできるのがカラメル。ＩＨなら水を加えなくてもきれいに溶け、焦げ色がまばらにならず均一にきれいにできます。鍋肌に飛び散らないのも嬉しい限り。濃く深い味わいのカラメルができれば、プリンも生キャラメルもおいしく作れます。

1 グラニュー糖を鍋底一面に広がるくらいの量を入れ、**中火強〜強火**にかける。砂糖が完全に溶けてカラメル状になるように焦がす（a）。

2 鍋に残りの分量のグラニュー糖を数回に分けて入れ、溶かして**中火強〜強火**で焦がす作業をくり返し、きれいなカラメル色にする（b）。この時へらなどで混ぜないこと。鍋をゆすってなじませるようにする。
途中、温度が上がりすぎるのを防ぐため、時々鍋をＩＨのリングから外すとよい（c）。

3 **2**の工程を 2 〜 3 回くり返す（d、e）。このままプリン用のカラメルにしても OK（でき上がり写真 f はグラニュー糖 50g 使用の場合）。
グラニュー糖を分けて入れる理由は、一度に入れると鍋底にあたっているところから溶けて焦げ色がついてくるが、上にグラニュー糖の粒が残り、色ムラができやすくなるため。できれば鍋底に行き渡るくらいの量を 3 〜 4 回に分けて入れると鍋をゆするだけで、きれいなカラメルができる。

a

b

c

d

e

f

甘酸っぱいいちごの風味をとじ込めて

いちごのゼリーミルク

材料（120mℓの容器・3個分）

いちご…150g
砂糖…45g
粉ゼラチン…5g

≪ミルクソース≫

A | 牛乳…70mℓ
コンデンスミルク…40g

直径 15cm片手鍋（容量 1.0ℓ）

いちごジュースを作る

1 いちごはフォークなどを使ってつぶし、水 150mℓと砂糖を加えよく溶かし混ぜる。

IH 調理（ゼラチンを煮溶かす）

2 小鍋に水大さじ 2 を入れ、粉ゼラチンをふり入れてふやけたら、**とろ火**にかけて溶かす。

冷やし固め、ミルクソースを流す

3 **2** の鍋に **1** のいちごジュースを加え混ぜ、器に流し入れ、冷蔵庫で 2 時間ほど冷やし固める。

4 器に **A** を混ぜたミルクソースを上から流し入れる。

できたてカスタードクリームが味の決め手

トライフル

材料（200mℓの容器・3個分）

≪カスタードクリーム≫
卵黄…1 個分
グラニュー糖…25g
バニラオイル…少々
コーンスターチ…大さじ 1/2
薄力粉…大さじ 1/2
牛乳…125mℓ

≪ホイップクリーム≫
生クリーム（35%）…50mℓ
砂糖…大さじ 1
バニラエッセンス…少々

フルーツ（好みのものを組み合わせて）…200g
砂糖、あればグラニュー糖…小さじ 2
フィンガービスケット…6 本
ミントの葉…適量

口径 18cm（底径 12cm）片手鍋（容量 2.0ℓ）

IH 調理（カスタードクリームを準備する）

1 カスタードクリームを作る
（P104 参照・本レシピは 1/2 の分量）。

組み立て（フルーツと共にグラス盛りにする）

2 フルーツは 1cmの角切りにして砂糖をふって混ぜておく。

3 ホイップクリームは別のボウルに材料を合わせて泡立てる。

4 器にフィンガービスケットを 2cm長さに切って入れ、フルーツをシロップごと入れる。上からカスタードクリーム、ホイップクリームの順でのせ、フルーツ少量とミントの葉を飾る。

フルーツは季節のフレッシュ品に缶詰のものを組み合わせて。ここではキウイ、いちご、オレンジ、パイナップル、黄桃を用いた。砂糖をふる時、キルシュ（洋酒）を加えてもおいしい。

フルーツと木の実で飾った手作りショコラ

マンディアン

材料（底の直径 5.5㎝のマドレーヌ用アルミケース・6 個分）
板チョコレート…2 枚（100g）
≪トッピング≫
アーモンド…6 個
カシューナッツ…6 個
くるみ…3 個
ピスタチオ…3 個
ヘーゼルナッツ…3 個
クランベリー…6 個
オレンジピール…1 本
ドライみかん…3 枚

直径 15㎝片手鍋（容量 1.0ℓ）

a

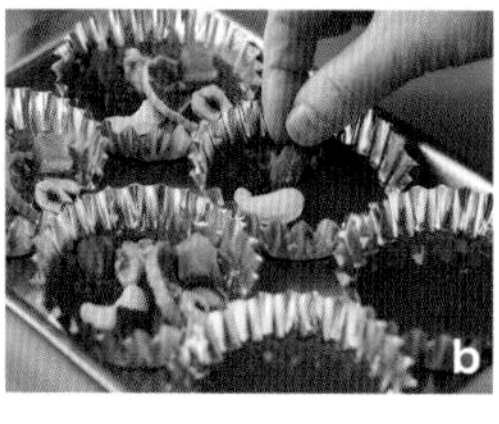
b

トッピングの下ごしらえ

1 塩付きのミックスナッツを利用する場合はペーパータオルで塩を軽くぬぐっておく。生の製菓用ナッツの場合はアーモンド、カシューナッツ、くるみ、ヘーゼルナッツを天板に広げ 140℃のオーブンで 10 分ほど焼いて冷ましておく。

2 オレンジピールは 6 つに切り分け、ドライみかん、ピスタチオ、くるみ、ヘーゼルナッツは半分に切る。

ＩＨ 調理（チョコレートを溶かす）

3 鍋にチョコレートを割り入れ、ＩＨの**とろ火**にかけてゆっくり溶かす。シリコンベらを使ってきれいに溶けるまでよく混ぜる。

トッピングをのせて冷やし固める

4 マドレーヌ用のアルミケースに、**3** を均等に流し入れ、チョコレートが固まる前にナッツやドライフルーツを彩りよくのせる（a、b）。

5 冷蔵庫で 30分ほど冷やし固めたらアルミケースを外す。
ケースを開くように外すと、きれいに中のチョコレートを出すことができる。

手作りならではの濃厚な大人の味

生キャラメル

材料（1㎝角× 5.5㎝長さのキャラメル・約 14 個分）

A
- グラニュー糖…50g
- 水あめ…50g
- 生クリーム（45％）…100㎖
- バター…15g

グラニュー糖…50g

口径 18㎝（底径 12㎝）片手鍋
（容量 2.0ℓ）ふたつ

下ごしらえ

1 9×12㎝（内寸）の金属またはホーローのバットにオーブンペーパーをしいておく。

2 鍋に**A**を入れ、シリコンべらで混ぜながら中火で沸騰直前まで温めておく。

ＩＨ 調理（砂糖をカラメリゼし、生クリーム、バターなどを加える）

3 別の鍋で、グラニュー糖 50g をカラメリゼする（P105 参照。鍋に少しずつ砂糖を溶かして焦がす工程をくり返し、濃い色のカラメルを作る）。

4 **3** の鍋をＩＨのリング中央から外して、**2** を加える（a）。中火にかけてシリコンべらで混ぜながら 114 ～ 117℃になるまで煮詰める。調理用温度計を使うとよい（b）。

5 **1** のバットに厚さ約 1cm になるように流し入れ、冷ます（c）。

6 完全に固まる前に包丁で切る。ここでは長辺を半分に切って 7 等分のバトン形にカット。OPP シートやワックスペーパーで包む。

a

b

c

とろとろ食感のわらび餅を抹茶スイーツに

抹茶わらび餅

材料
(7.5×11.5×高さ5cmの流し缶・1個分)
わらび餅粉…50g
グラニュー糖…50g
抹茶…大さじ1
牛乳…250mℓ
生クリーム(45%)…60g

白ざら糖蜜…適量

口径18cm(底径12cm)片手鍋
(容量2.0ℓ)

材料を合わせる

1 ボウルにわらび餅粉、グラニュー糖、抹茶を入れてよく混ぜ、牛乳200mℓと生クリーム全量を加える。よく溶かし混ぜ、茶こしで漉して鍋に入れる。

IH調理(わらび餅を練り上げる)

2 1の鍋を中火にかけ、シリコンべらを使って鍋底から練り混ぜ、充分に火を通す。

3 2が固まってきたらしっかり練る。残りの牛乳を加えて、生地になじむまで中火にかけながら練り上げる(a)。

流し缶で冷やし固める

4 水でぬらした流し缶に3を入れ、表面にラップを張って、粗熱が取れたら冷蔵庫で2時間ほど冷やす。

5 4を6~8つに切り分けて器に盛り、白ざら糖蜜をかける。

鍋で練り上げるわらび餅も焦げつかず作れる。シリコンべらを使うと、きれいに鍋底をこすって練ることができる。

白ざら糖蜜

小鍋に白ざら糖(白双糖)70gと水50mℓを入れ、中火にかけて混ぜながら煮溶かす。少しとろみがつくまで煮詰めて粗熱を取る。

手作りの葛切り、黒蜜以外の味わい方も楽しんで

葛切りの黒ごま風味

材料（2人分）
本葛粉…50g
≪黒ごまだれ≫
黒ごま…大さじ3（35g）
砂糖…大さじ1
醤油…大さじ1と1/2
酢…大さじ1
水…大さじ
塩…少々

りんご…少々

28㎝中華鍋

IH 調理（葛切りを作る）

1 本葛粉は砕いてからボウルに入れ、水150mℓを加えてしばらくおいてよく溶かし混ぜる。これを茶漉しなどで2〜3回漉す。

2 中華鍋にたっぷりの湯を極強火で沸かし、沸いたら中火にする。バット（15×20㎝）に1の半量を流し入れ、バットごと湯に浮かせる（a）。

3 バットの中の葛が固まってきたら、バットを湯に沈め葛が透明になるまでしっかりと火を通す（b、c）。

4 バットを引き上げ冷水にとる（d）。

葛切りを仕上げ、たれと合わせる

5 バット内で固まった葛を水の中ではがすように取り出し、1㎝幅に切る。
プラスチック製スクレッパーなどを使うと取り出しやすい。

6 黒ごまだれを作る。炒った黒ごまをすり鉢ですり、ほかの調味料を加え混ぜる。

7 器に5の葛切りを入れ、黒ごまだれをかけ、りんごの千切りを添える。
甘じょっぱいごまだれでいただく葛切り。デザート感覚でお出しするのもよし、小さなお料理として、酢の物感覚でお出しするのもいいでしょう。

a

b

c

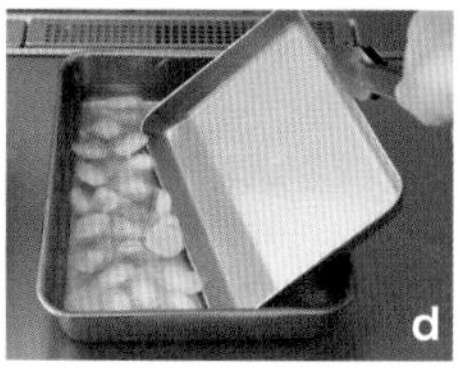
d

バットの中の葛はしっかり火が入ると透明になる。よく見極めてトングで引き上げ、氷を入れた冷水に移す。

ご飯物

やはり基本のご飯物も覚えておきたいレシピ。
白米も炊き込みご飯も
マニュアルで作ると早くおいしくできます。
お粥、リゾット、お赤飯もぜひ。

自動炊飯機能もあるけれど、押さえておくべき基本のキ

白ご飯

材料（2 合分）
米…2 合（300g）
水…400mℓ

直径 15㎝両手鍋（容量 1.4ℓ）

I H 調理（火加減を調整して炊く）

1 米は炊く 30 分前に洗ってザルにあけておく。鍋に米と水を入れ**中火弱**にかけ、ゆっくりと沸騰させる。

2 沸騰したら菜箸を差して鍋底に箸先をあて、まんべんなくひと混ぜする（a）。
直火だったら熱くてできない鍋の上のこうした動作も、I H だと容易にできる。

3 蓋をして再び沸騰してきたら（b）、**弱火**にして約 12 分、水が引くまで炊く。タイマー機能を利用する。
慣れないうちは中が見えるガラス蓋付きの鍋を使うとよい。水が引いて細かい泡が出なくなったら、炊き上がりの目安。

4 火を止めてそのまま約 10 分蒸らし、軽く全体をほぐす（c、d）。
最新の I H には自動炊飯機能もあるが、急いでご飯を炊きたい時はこの手順を覚えておくと便利。

【米 1 合の場合】
炊き方は**1**～**3**まで同じ。炊き時間は約 8 分、蒸らし時間は約 7 分。
【米 3 合の場合】
炊き方は**1**～**3**まで同じ。炊き時間約 15 分、蒸らし時間は約 12 分。
※写真の直径 15㎝の鍋は 2 合炊きまで。3 合までなら、I H のトッププレートに接する鍋の底径は 18㎝を超えない鍋がよい。

別名かやくご飯。火加減や手順も白ご飯と同じ

五目炊き込みご飯

材料（3 ～ 4 人分）
≪具材≫
油揚げ…小 1/2 枚（40g）
にんじん…1/3 本（40g）
ごぼう…1/4 本（40g）
干し椎茸…中サイズで 1 ～ 2 枚（10g）
こんにゃく…1/4 枚（40g）

米…2 合（300g）
A
だし…370mℓ
（こぶだしに椎茸の戻し汁を加える＊）
醤油（あれば淡口）…大さじ 1 弱
みりん、酒…各小さじ 2
塩…小さじ 1/2
＊椎茸の戻し汁の量は好みだが、だし全体の 1/3 以内にとどめたほうがおいしい。

口径 18㎝（底径 12㎝）片手鍋（容量 2.0ℓ）

下ごしらえ（具材を用意する）

1 油揚げは両面に熱湯をまわしかけて粗みじん切り、にんじんも粗みじんに切る。ごぼうはささがきにして水にさらす。干し椎茸は水に浸けて戻し、2㎝の薄切りにする。こんにゃくも同様に 2㎝長さの薄切りにする。

I H 調理（火加減を調整して炊く）

2 米は炊く 30 分前に洗ってザルにあけておく。鍋に米と**A**を入れ、上に**1**の具材をのせて**中火弱**にかけ（a）、ゆっくりと沸騰させる。

3 沸騰したら菜箸を差して鍋底に箸先をあてて、よく混ぜる（b）。

4 蓋をして再び沸騰してきたら**弱火**にして 12 ～ 15 分、水が引くまで炊く。火を止めてそのまま約 10 分蒸らし、その後軽く全体をほぐす。
季節の炊き込みご飯もこの応用で。きのこや筍など水分が多いものを入れる時は多少、水加減を控えるようにする。

米から長時間煮る本格おかゆもＩＨなら煮詰まる心配がない

中華がゆ

材料（2〜3人分）
干し貝柱＊…１個（20g）
米…60g
塩…小さじ 1/4
サラダ油…小さじ１
A 中華スープの素…小さじ１
　水…800mℓ

パクチー…適量
＊干し貝柱以外に、干し海老を使ってもおいしい。

口径 18cm（底径 12cm）
片手鍋（容量 2.0ℓ）

下ごしらえ

1 干し貝柱は 100mℓの水に浸して半日からひと晩、柔らかくなるまでおく。

2 米は洗ってたっぷりの水に２時間からひと晩ほど浸して、ザルにあけて水気を切る。
米も干し貝柱も夏季はひと晩水に浸ける場合、冷蔵庫に入れる。

3 **2** の米をボウルに入れて塩とサラダ油を加え混ぜる。

ＩＨ調理（蓋をせずに軽く沸かしながら煮る）

4 鍋に **A** と **1** の干し貝柱を戻した水と共に入れ、強火で沸騰させる。

5 **4** が沸騰したら米を加える。もう一度沸騰するまで鍋底に米が貼りつかないよう時々混ぜる。

6 沸騰してきたら蓋をせずに中火で 15 分、軽く沸いている状態を保ち、出てくるアクをこまめにすくいながら（a）煮る。粘りが出てきたら中火弱で 15 分、さらに弱火で 15 分、途中、水量が足りなくなったら湯を足す。
米は底に溜まりやすいので、うまく米が湯の中で泳いでいるか、時々確認する。ＩＨの場合、水の蒸発量は少なく煮詰まらないが、具材が沈んで底で焦げないように注意する。

7 器に盛り、パクチーを添える。

鍋に米がこびりつかず、アルデンテに仕上がる

チーズリゾット

材料（2〜3人分）
玉ねぎ…1/4 個（50g）
オリーブ油…大さじ 1 強
米…150g（1 合）
白ワイン…50mℓ
顆粒コンソメの素…小さじ 1/2
塩…小さじ 1/3
こしょう…少々
チーズ（粉またはすりおろし）
　パルミジャーノ・レッジャーノ
　…40g

口径 18cm（底径 12cm）
片手鍋（容量 2.0ℓ）
直径 15cm片手鍋（容量 1.0ℓ）

下ごしらえ（炒め玉ねぎとブイヨンを準備する）

1 玉ねぎはみじん切りにし、鍋にオリーブ油と共に入れ、塩ひとつまみ（分量外）を加えて**中火**にかける。玉ねぎの刺激臭がなくなるまで焦がさないように炒める。

2 小鍋にブイヨンを用意する（顆粒コンソメの素を 500mℓの湯に溶かす）。

IH 調理（米を炒め、ワイン、ブイヨンを小分けに加えて仕上げる）

3 米は洗わずに **1** に加え、油がまわってしっかりと熱くなるまで**中火強**で炒める。白ワインを加え、軽く混ぜてアルコール分を飛ばすように**中火強**で煮詰める（a）。

4 水分がほとんどなくなったら **2** のブイヨン 1/2 量を加える（b）。塩、こしょうを加え、菜箸でひと混ぜする（箸を使うのは粘りを出さないため）。
ブイヨンは 3 度に分けて加える。冷めないように蓋をして、とろ火にかけておく。

5 そのまま**中火弱**で約 8 分、水分が少なくなってきたら残りのブイヨンの 1/2 量を加え、鍋底から菜箸でひと混ぜする。

6 4 〜 5 分煮て、米の煮え具合を確かめ、残りのブイヨンを加えさらに 4 〜 5 分煮る。

7 チーズの 2/3 量を加え（c）、チーズが溶けて米にからむようになるまでシリコンベらで混ぜて仕上げる。器に盛り、残りのチーズをかける。
最後は米の表面の粘りを一気に出して、チーズとからめたいのでシリコンベらで。

ブイヨンは熱いまま米に加えると粘りが出にくい。最後にチーズを入れるまでは粘りを出さない。

IH なら本格赤飯もお手のもの。水分少なめの蒸し鍋で作る

お赤飯

材料（4 人分）
もち米…3 合
ささげ…70g
塩…小さじ 2/3
ごま塩…適量

直径 23㎝深型両手鍋（容量 4.4ℓ）と蒸し板

下ごしらえ（ささげを煮て赤い汁をとり、もち米を汁に浸ける）

1 もち米は洗ってザルにあけ、水気を切る。

2 ささげはたっぷりの湯で 2 分ほどゆでてザルにあける。もう一度きれいな鍋に 2 カップの水と共に入れ、**強火**で沸かし、**中火**にして 8 分ほど煮る。

3 赤いゆで汁をボウルに漉し取り、粗熱が取れたらもち米を入れる。ひたひたになるように水を加えて、ひと晩おく（a）。

4 ザルにあけてもち米の水を切り、その水から 1/2 カップほどを取りわけて塩を加え、混ぜておく（赤飯を蒸す時の打ち水に使う）。

I H 調理（もち米とささげを蒸し上げる）

5 鍋に水を張り、蒸し板をセットする。蒸し板の上に蒸し布を敷いて **4** のもち米を入れ、**2** のささげを上から散らし、数か所蒸気が通りやすいように菜箸などで穴をあける（b）。

6 蓋をして初めは**強火〜強火強**で、蒸気が出たら**中火弱〜中火強**で、蓋から蒸気が漏れるくらいの加減にして、タイマーをかけ約 20 分蒸す。途中、**4** の打ち水をふりかけ、菜箸などで上下を返しながら蒸す。蒸し器の水量が足りないようなら途中で湯を足す。

7 器に盛り、ごま塩（P117 参照）を添える。

ここで紹介したのは、I H 用の両手鍋に蒸し板（スチームボード）をセットして赤飯を作るレシピ。こうした鍋では本来の蒸籠のように下にたっぷりの湯を入れることができないが、I H は湯を沸かす力が強いので、少ない湯量でも効率よく蒸気を上げることができる。その特性を活かしたレシピ。**6** で蒸気が出てからも強火でどんどん蒸すと、湯がすぐになくなる。途中で湯を足せばよいが、火加減には細心の注意を。

ささげの色が出た赤いゆで汁。もち米を入れ、ひたひたになるように水を加えて一晩浸ける。

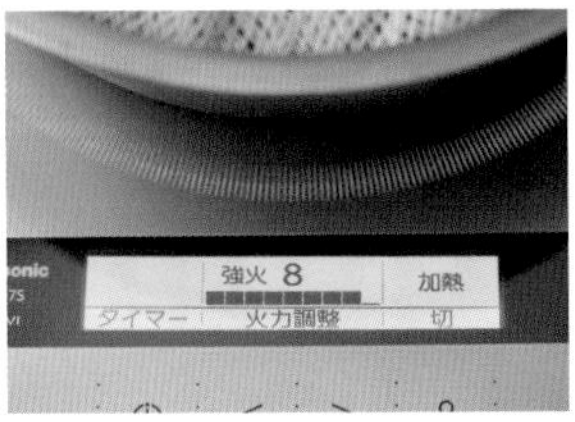

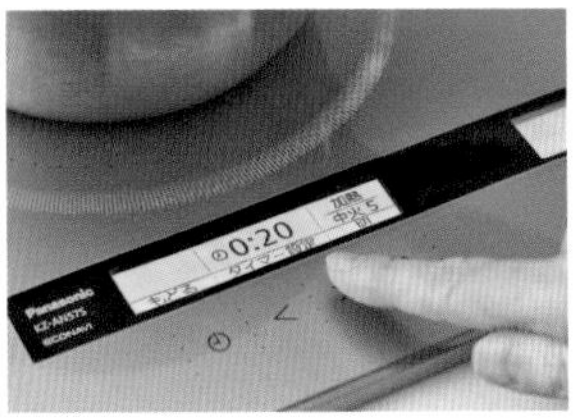

最初は強火〜強火強で蒸し、その後火加減をほどよく調整したらタイマーで約 20 分。

ごま塩

小さな鍋に黒ごま大さじ 1、水小さじ 2、塩小さじ 1/2 を入れ、塩が溶けるまでよく混ぜたら、**中火**にかけ、水分がすっかり飛ぶまで菜箸で混ぜながら加熱する。

ＩＨでオムレツがおいしく作れるフライパンが欲しかった

オール電化のキッチンスタジオ

　2000年、私は会社を設立し、新たにキッチンスタジオとオフィスを構えることにしました。その時思い切ってキッチンはオール電化にしました。何となくこれからの時代は電気だと思ったからです。晴れて私のキッチンスタジオの中心にＩＨクッキングヒーターが鎮座することになりました。

ゆで卵ができないのは何故?

　ＩＨで料理を始めた頃にゆで卵がうまくできなかったことがありました。いたってシンプルなものがうまくできないなんて!

「何故なんだろう?」私の料理家魂に火がつきました。試行錯誤をくり返しながらＩＨで理想のゆで卵のレシピが完成しました。それは水を少なめにして蓋をするという方法。加熱してもお湯が対流しにくいＩＨを、蒸し煮の方法論でクリアしたのです。

「やった!　ＩＨの問題を克服できた」と思った矢先、もうひとつの難題が出てきました。

オムレツ料理が上手に焼けない

　いくらいろいろな方法を駆使しても、オムレツや卵焼きを上手に作ることができません。ＩＨは鍋底を発熱させはするのですが、鍋の側面まで熱がなかなか伝わらないからです。ガスと違って熱がフライパンの側面にまわらないので、オムレツの形を作ることや卵焼きの端を焼き固めることができないのです。意気揚々と「うちはオール電化キッチン」と言っておきながら、雑誌の撮影でオムレツを作る時はカセットコンロを出して作業をする始末。もどかしい状況がしばらく続きました。

ＩＨ対応のフライパン探し

　そのような中、雑誌の企画で貝印さんの商品を使って料理を作る機会がありました。担当の方といろいろな鍋や調理器具の話をしていた時に、ＩＨでオムレツが上手に焼けない悩みを伝えました。では側面に熱が伝わるフライパンを探しましょうということになり、いろいろなフライパンを準備してくださいました。試したフライパンはどれもＩＨ対応と表示されています。

　ＩＨクッキングヒーターは鍋底の金属が発熱する仕組みです。鍋の金属が鉄や鋳物、ステンレスなどの場合はＩＨと反応して発熱しますが、銅やアルミニウム、土鍋などには反応しないのでＩＨには不向きの材質です。フ

●本書に登場するIH用調理器具

1 フライパン（25㎝）
2 卵焼き器（卵焼き面14㎝×19㎝）
3 卵焼き器専用スクレッパー
4 片手鍋（18㎝）容量2.0ℓ
5 ターナー
6 両手鍋（15㎝）容量1.4ℓ
7 深型両手鍋（23㎝）容量4.4ℓ
8 W角鍋（深鍋28㎝×22㎝）容量3.3ℓ
9 浅型両手鍋（23㎝）容量2.5ℓと
　スチームプレート：蒸し板（20㎝）
10 片手鍋（15㎝）容量1.0ℓ
11 スパチュラ
　以上、貝印株式会社

7
8
11
6
10
9
1
5
2
4
3

ライパンは熱伝導のよさと軽さからアルミニウムを使った製品が多いのですが、ＩＨでは使えません。そこで鉄製（クロムステンレス製）の板を底を貼りつけることで、ＩＨで使える鍋になるのです。つまり、このような付け焼刃的な鍋もＩＨ対応という扱いになるわけです。また、鍋底自体を発熱させるＩＨは、ガスなどの直火より金属の膨張によるダメージが大きくなります。これにより鍋が歪んでしまうことがあり、それを抑えるため鍋底を分厚く作るＩＨ対応鍋もあります。これなら強火でも鍋が歪むことなくＩＨに最適というのですが、この厚底は鍋本体の鋼材と異なることもあって、熱伝導がよくありません。鍋底で発生した熱は鍋の側面に伝わりにくくなります。ステーキを焼くには向いていても、オムレツは焼けないわけです。

ＩＨ用調理器具の開発スタート

以上の結果を貝印さんに伝えると、「それなら一緒にＩＨ用の鍋、まずはオムレツがきれいに焼けるフライパンと、だれでもきれいな卵焼きのできる卵焼き器を作りましょう」ということになり、鍋の開発が始まりました。ＩＨに適した鋼材選びから始まり、ＩＨの発熱が一番効率よくできる鍋底の直径、オムレツに向くカーブ、卵焼きの幅と同じスクレッパーの添付、多様性を持たせた鍋の深さ、持ちやすい持ち手の長さや形などを考え、完成まで2年近くかかりました。そして２００８年に生まれたのがo.e.c.シリーズ第一弾、フライパンと卵焼き器です。その後、シリコン製スパチュラなどの調理道具も加わり、ラインアップも充実してきました。

ＩＨはライフワークです

初めてＩＨと出合った三十数年前、火力を強めれば瞬時に沸き立ち、弱めればあれよあれよと鎮まるあの感動は今も忘れられません。仕事場はＩＨ、自宅のキッチンはガスを使っています。ＩＨとガスでの調理の違い、それぞれのメリットとデメリットを皆さんにお伝えできることに喜びを感じます。

概して新しいものは古いものと常に比べられ、今まではこうできたのに新しいものではうまくいかない、今までより使い勝手が悪い等々……、新しいものが浸透するには時間がかかります。自分の考え方を少しだけ柔軟にして、正しい調理方法と調理器具に切り替え、そしてちょっとの努力で解決すれば新たな発見が生まれます。ＩＨで自由自在に料理を楽しんでいただきたい！ の一心で本書に取り組みました。少しだけ習慣を変えておいしい暮らしの扉を開けてみませんか。

oec
ORIENTED ECOLOGY COOKING

本書で使用したフライパン、中華鍋、卵焼き器、W角鍋などは、脇雅世さんと貝印株式会社が共同開発したIHクッキング向けのブランドo.e.c.シリーズ。姉妹ブランドminimaシリーズでは卓上鍋、両手鍋、片手鍋、小型のフライパンなども揃う。またIHクッキングに最適なスパチュラやターナーなど、シリコン製キッチンツールのラインアップも展開。
https://www.kai-group.com/store/

落とし蓋の作り方

水分を控えて煮ることの多いＩＨ調理では、蓋づかいも大事なポイントです。蓋も、落とし蓋も少ない煮汁を材料全体に行き渡らせるのに使います。落とし蓋は市販品もいいですが、その時の鍋に合わせて手作りでカスタマイズ。手軽にアルミ箔で作るほか、オーブンペーパーで作る落とし蓋もあります。簡単なので覚えておくと便利です。

オーブンペーパーの落とし蓋

1 紙を鍋の直径よりもひと回り大きな正方形に切り、四つに折る。

2 対角線で半分に折り、細くなるまで半分に折り重ねる。

3 鍋にあててみて、鍋の半径のサイズを計る。

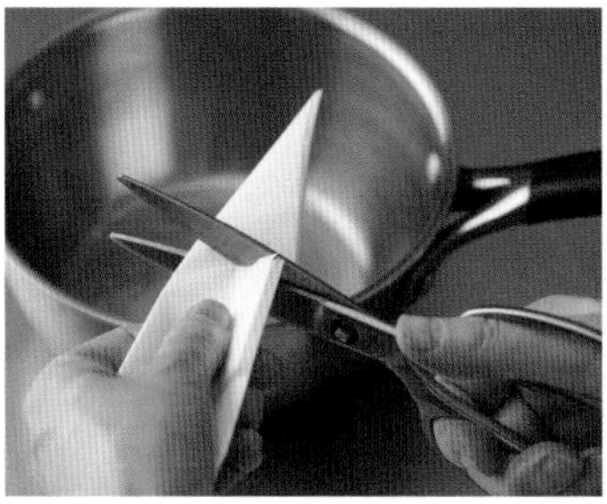

4 寸法に合わせて外側を丸く切り、先端２～３㎜を切り落とす。

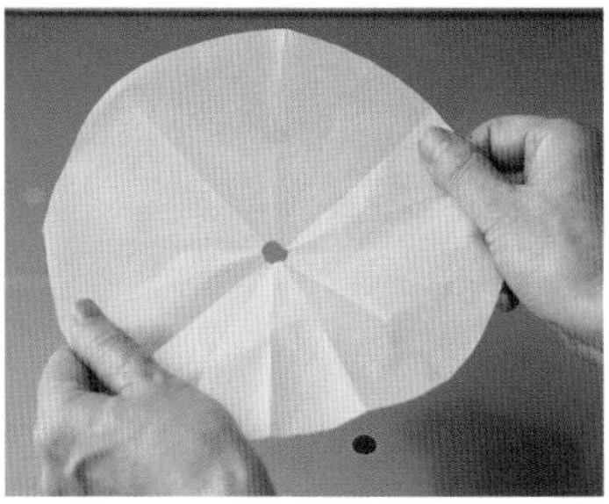

5 広げると、真ん中に空気穴のあいた落とし蓋ができる。

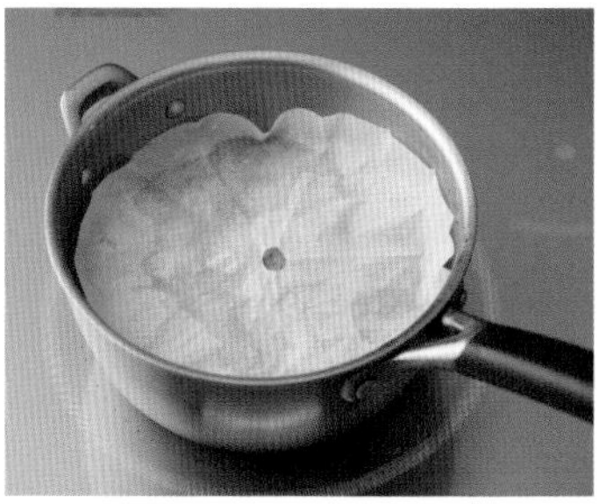

6 煮汁少なめでも OK の肉じゃがなどの煮物、煮魚、煮豆の調理に。

ＩＨの優れているポイント

ガス火のように炎で鍋を加熱する方法と異なり、鍋底を発熱させるのがＩＨ 加熱法。鍋の中で対流が起こらない、鍋の側面が熱くならないなどガス火との調理の違いは使いながら慣れるのが一番ですが、こんなメリットもあることを覚えておいてください。

調味液が少なめで作れる

水分の蒸発量が少ないのでＩＨでの煮物は最初から煮汁を少なめに。汁気を飛ばすように仕上げるのがコツです。

たれの飛び散りが少ない

粘度のあるたれなども、飛び散りが少ない。またたれが煮詰まっても、フライパンの鍋肌にこびりつきにくく、焦げつきの心配がありません。

グラッセも焦げにくい

にんじんのグラッセは砂糖が入るので焦げやすい料理。ＩＨなら火力調節が細やかにできて、失敗知らず。焦げずに艶やかに仕上がります。

アルコールを煮詰める時、炎が入らない

ワインや酒を入れて煮詰めていく場合でもＩＨなら中に炎が入らず安心。逆にフランベしたい場合は、着火専用のライターを使います。

予熱なしの鍋に貝を入れてOK

あさりやムール貝などをワイン蒸しにする時、ガスでは鍋の予熱が必要ですが、ＩＨなら鍋が冷たいままでOK。一気に蒸し煮ができます。

せいろの端が焦げない

ＩＨだと炎がないので、木製のせいろの端が焦げません。せいろ用蒸し板を使うと、鍋のサイズとせいろのサイズが違っていても蒸すことができます。

活用したいＩＨ便利機能

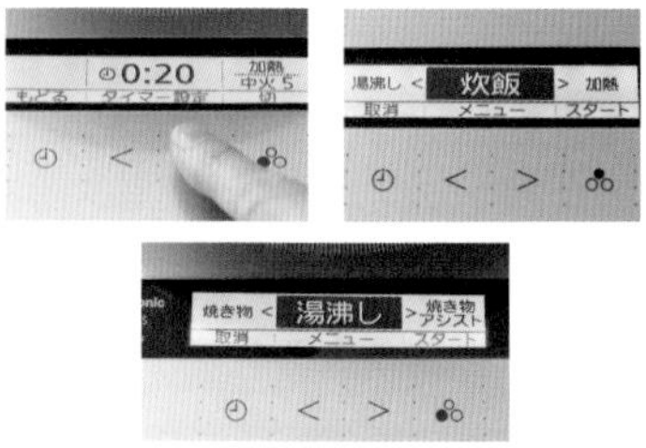

タイマー、自動炊飯、自動湯沸かしなど、ＩＨクッキングヒーターはハイスペックとなり進化しています。便利機能もうまく使いながら自分のものにしていきましょう。

湯煎なしでチョコレートを溶かす

チョコレートを溶かすには湯煎にして、しかも温度管理が大変でしたが、ＩＨなら直接とろ火にかけてOK。

お湯の沸きが超絶に早い

ＩＨの特性は火力の幅広さ。とろ火から極強火まで10段階。大量に湯を沸かすなら迷わず最強の火力でどうぞ。感動的に早いです。

WAKI 流・調理のテクニック復習編

IH だから調理がうまくいかない、という言い訳は禁句にしましょう！
IH とガスとは加熱のメカニズムが異なるのです。それを一度頭に入れると
調理の仕方が自然に変わります。まずは慣れること……きっとうまくいきます！

落とし蓋で対流を作る

急いでいる時は手軽にアルミ箔で手作り。だいたいの鍋の大きさにカットし、表面にかぶせるようにしてそのまま鍋に押し込みます。

落とし蓋にさらに蓋をする

落とし蓋で煮汁をまわし、味を染みさせますが、さらに煮汁の蒸発を防ぎ鍋の温度を保つには鍋蓋を。きせ盍とも呼ばれる方法。

少ない湯と蓋で調理

ＩＨ独特の対流のない湯の中でゆで卵がうまくできなかった時の解決法。少ない湯で蓋をして蒸す。じゃがいもをゆでる時もこの方法で。

とろみは鍋の端から入れる

口径の広い鍋は、鍋の端から。水溶き片栗粉を混ぜながら少しずつ加えます。口径が狭い鍋は、一度ＩＨ台のリングから鍋を外して加えます。

鍋をゆすってとろみを行き渡らせる

ＩＨ台はフラットなので、鍋をゆするのは簡単。炒め物などでもゆすりながらへらで混ぜるようにすれば、食材や調味料が均一に混ざります。

調味液は鍋の中央に入れる

とろみとは正反対なので、一緒に覚えるといいでしょう。醤油や合わせ調味液などは火力の強い中心に入れます。熱くして香りを出します。

焦げそうならリングの上から外せば OK

鍋の底はＩＨ台のリング内に接すると発熱、鍋を動かせば接地面だけの加熱に。鍋の中をうまく使い分けます。

フライパンは火が消えない程度に傾ける

少ない油でにんにくを温める時に便利（鍋の材質によってはＩＨ台に接していても通電しないことがあります）。

IHは水分をガス火の2割減に

ポトフやカレーなど、比較的長く調理するものの水分蒸発量はガスに比べて半減します。そこで味つけのための調味料はガスの時と同じでも、水分量を２割控えめにします。市販のカレールウを使う場合、箱の表示通りの水分量にするとサラサラのコクのないカレーになってしまいます。

トッププレート掃除術

IHは表面がフラットなので掃除がとてもラクなのも魅力です。
吹きこぼれてもゴトクがないので使うたびにサッと拭くだけ。ここでは
毎日の掃除方法から、しっかり掃除までWAKI流メンテナンス術を紹介します。

毎日の基本コース
スポンジ+食器用中性洗剤

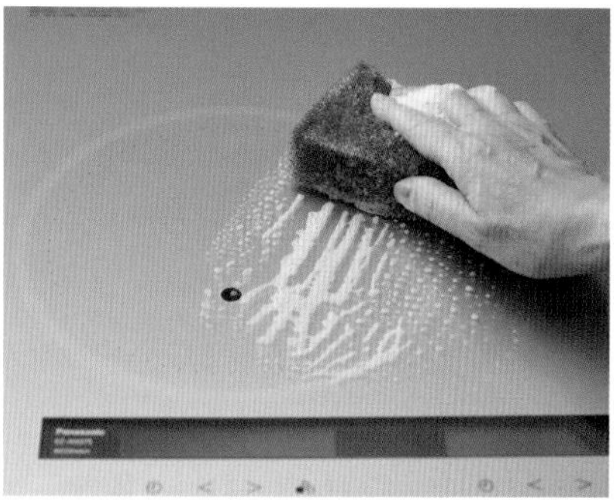

調理をすると、細かい油や汚れが飛んでしまうもの。食器洗い用のスポンジに食器用中性洗剤をつけてこすり洗いを。洗ったら布巾で水拭きするだけです。

うっすらと茶色い汚れがついたら
クリームクレンザー+ラップ

汚れた部分にクリームクレンザーをかけ、丸めたラップに水を少しつけてこすります。これで汚れが落ちるので、後は布巾で水拭きを。

頑固なこびりつき汚れは
クリームクレンザー+アルミ箔

もっとひどい汚れやこびりつきには、アルミ箔を使います。トッププレートの表面は強化ガラスなのでアルミ箔でこすっても傷はつきません。クリームクレンザーをかけ、丸めたアルミ箔に水を少しつけてこすります。後は布巾で水拭きを。汚れがひどい場合は、布巾についた汚れが取りにくい場合もあるので、捨ててもいいボロ布やペーパーを使って。

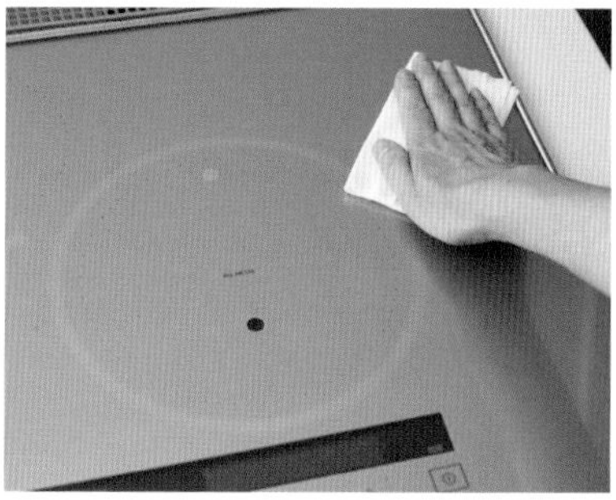

続けて使う時は、一度サッと拭いて

炒め物や揚げ物をした後や、煮汁を吹きこぼした後などに、続けて調理を行う時は一度、トッププレートをサッと掃除すると後のお手入れがラクです。とはいえ、トッププレートは熱さが残っているので、念入りに掃除はできません。市販のクリーンシート（不織布などに洗剤をしみこませたシート）などでサッと拭っておくといいでしょう。

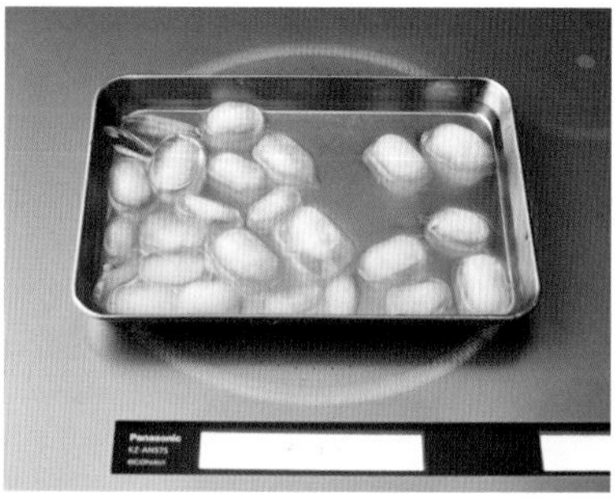

トッププレートが熱い時は

使い終わってすぐ掃除したい時、まだトッププレートに熱が残っていたら金属製のバットに氷をのせて急冷します。トッププレートは前の調理の熱が残っていると、すぐに次の料理の温度設定ができない場合もありますが、そんな時にも使える裏技です。

※電源スイッチを切り、各部が冷めてからお手入れしてください。

これは危険！NG集

温め直しなどでポコッ！　と大きな泡が。これが突沸《とっぷつ》。ガス火でも起こる現象ですが、熱いものが飛び出すので危険です。シチューやカレーなど濃度のあるものは必ず鍋の中を混ぜながら調理を。

濃度のあるものは、全体を大きく混ぜ返しながら調理しないと、突沸とともに鍋底に焦げができるなど味をすっかり損なう可能性も。長時間の空焚きも厳重注意！

口径が小さすぎる鍋はIHでは使えません。直径12cm以上の鍋を。

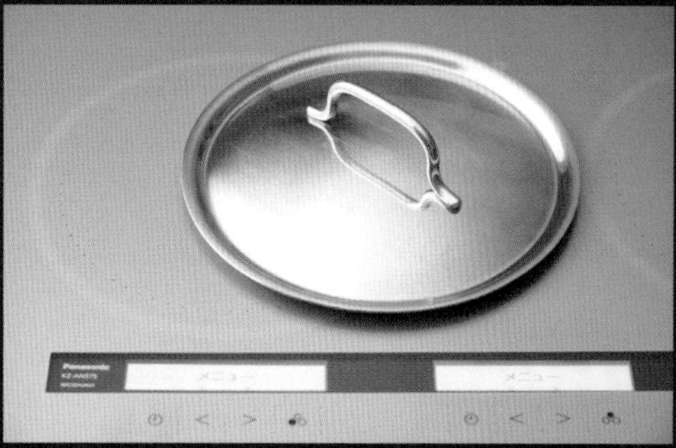

ステンレス製品は通電します。バットや鍋の蓋など、リングの上のうっかり置きは厳禁。

磁気のあるものはデータが破損する可能性が。トッププレートの上には置かないで！

缶詰は、通電すると破裂する恐れがあります。危険なので絶対NGです。

ＩＨヒーターで使える鍋

Q 今まで使っている鍋は、ＩＨでもそのまま使えますか？
また新規にＩＨ用鍋を選ぶポイントを教えてください。

A 鍋選びの**ポイントその１は材質**。お使いのＩＨの対応によって違いますので、下表を参考にしてください。オールメタル対応ＩＨでは使う鍋の種類も広がります。
ポイントその２は鍋の大きさ。３つ口のＩＨクッキングヒーターの場合、左右のリングに好適の鍋は底径 12 ～ 26㎝。後ろのリングには底径 12 ～ 18㎝の鍋です（図1）。
※オールメタル対応ＩＨの銅・アルミニウム鍋では底径は 15㎝以上。
ポイントその３は鍋底の形状。底の丸いもの、脚があるもの、底に反りがあるものなど、トッププレートに密着しない鍋は不向きです（図2）。

●注意１　鍋底がはがれかけた鍋、フライパンは使わないこと。鍋底がはがれかけた状態で加熱すると、はがれた部分が異常加熱し、トッププレートがひび割れたり変色したりする原因になるので要注意。お持ちの鍋やフライパンをＩＨに使う前に必ず鍋底を確認しましょう。
●注意２　オールメタル対応ＩＨヒーターでの使用では、鍋が軽いと加熱中に動くことがあるので、調理物と合わせて約 700g 以上で使うこと。

図１　鍋底のサイズ（底径）

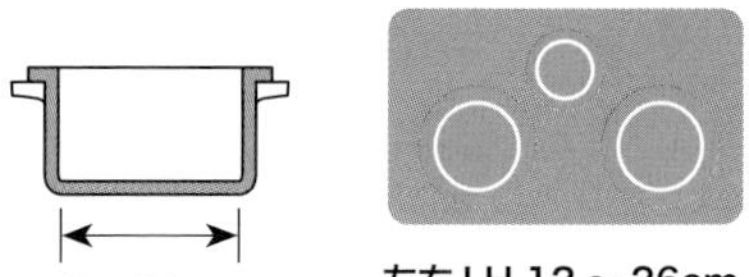

鍋の直径は…

左右ＩＨ 12 ～ 26cm
後ろＩＨ 12 ～ 18cm

図２　鍋底の形状

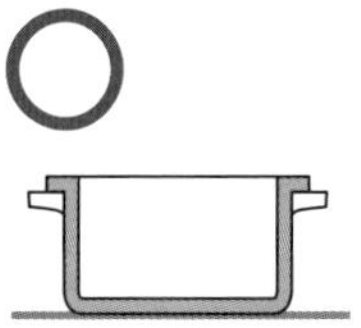

平らでトッププレートに密着する鍋。

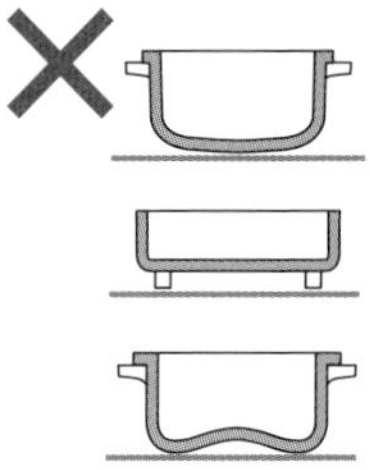

底の丸い鍋、脚のある鍋、底に反りがある鍋は使えない。

加熱調理で使える鍋

鍋の材質

		鉄・ステンレス対応ＩＨ	オールメタル対応ＩＨ
鉄 鉄鋳物 鉄ホウロウ	ホーローは溶けて焼きつき、トッププレート損傷の原因になることがある。 ●ホーロー鍋は、空焼きしたり、焦げつかせたりしない。 ●底面にホーロー加工した魚焼き器は使わない。	○	○
ステンレス（一層鍋）	鍋底に磁石がつくもの（18-0 ステンレス）	○	○
	鍋底に磁石がつかないもの（18-8/18-10 ステンレス）	△～○ 鍋の種類によっては、火力が弱くなったり、加熱できなかったりするものがある。	○ 鍋の種類によっては、火力が弱くなるものがある。
多層鍋	鍋底に磁石がつくもの（外層や中間層に鉄などの磁性金属層があるもの）		
	鍋底に磁石がつかないもの（外層や中間層も非磁性ステンレスや銅、アルミニウムのみで構成されているもの）	× 加熱できません。	○ アルミ・銅鍋などでは最大火力が 2.5 ～ 2.6kW に制限される。
銅・アルミニウムなど（非磁性金属鍋）			

	鉄・ステンレス対応ＩＨ	オールメタル対応ＩＨ
耐熱ガラス・土鍋・陶磁器（セラミックス）	×	×
	土鍋・陶磁器（セラミックス）などは「ＩＨ用」の表示があっても使用は避ける。ＩＨヒーターが故障したり、火力が弱くなったりして、調理できない。	

鍋の大きさ、形状

すべてのＩＨヒーターで使える **鉄・ステンレス鍋**	底径	左右ＩＨ…12 ～ 26㎝ 後ろＩＨ…12 ～ 18㎝	底の形状	平らでトッププレートに密着するもの
オールメタル対応 ＩＨヒーターのみで使える **銅・アルミ鍋** （非磁性金属で構成された多層鍋を含む）	重さ	アルミニウムは調理物と合わせて 700g 以上 ・軽いと鍋が動くことがある。	底の形状	平らでトッププレートに密着するもの ・アルミニウム製のフライパン、卵焼き器は底の厚い鋳造品を使う。 ・アルミニウム鍋での炒め物・空焼きは避ける。鍋底が変形しやすい。
	底径	15 ～ 26㎝ ・底径が小さいと安全機能が働いて通電しない可能性がある。 ・底径が小さいと火力が弱くなる。		

揚げ物調理で使える鍋

鍋は上記に準じるが、メーカーによっては揚げ物専用鍋が必要な場合もある。火災のおそれがあるため、必ず鍋の油量は 200 ～ 800g、深さ 1㎝以上ある状態で調理すること。※ワンルームマンションのビルトイン１口・２口タイプの場合はメーカー別売の専用の天ぷら鍋を使う。
（参考資料 Panasonic　住宅設備用 IH クッキングヒーター　カタログ 2023．1 版）
詳細は https://sumai.panasonic.jp/ihcook/guide/nabe/nabe_top.html

1 こんにゃくは 1cm幅の短冊切りにし、熱湯でサッとゆでる。
2 千切りにしたにんじんと 1 のこんにゃくを鍋に入れ、A を加えてにんじんが柔らかくなるまで**中火弱**で約 3 分煮る。
3 別鍋に**強火**で湯を沸かし、塩少々（分量外）を加えた中にほうれん草を根元から入れ、ゆでる。水にとり、根元を取り除いてから 3cm長さに切ってよく水気を絞り、ほぐして 2 の中に入れ、味をなじませて 2 の野菜と共に軽く絞る。
4 豆腐はペーパータオルで表面の水気を拭き、ボウルに入れる。B の材料を加え、泡立て器を使ってなめらかになるまで混ぜる。
5 3 を加え、和えて器に盛る。

➡ P83（海老フライ）

タルタルソース

材料（作りやすい分量）
ゆで卵…1 個
玉ねぎ…1/4 個（50g）
ピクルス…6 本（30g）
A
パセリ（みじん切り）…大さじ 1
マヨネーズ…80g
塩…小さじ 1/4
こしょう…少々

1 ゆで卵、玉ねぎ、ピクルスはみじん切りにする。切る前に、材料はすべてよく水気を拭く。
2 ボウルに 1 を入れ、A を加えてよく混ぜ合わせる。

➡ P84（ひとロカツ）

大葉入りキャベツの千切り

材料（2 人分）
キャベツ…2 ～ 3 枚
大葉…2 ～ 3 枚

1 キャベツの葉の間に大葉を挟んで重ね、千切りにする。

➡ P88（ミラノ風カツレツ）

ダブル・トマトソース

材料（作りやすい分量）
トマト…1 個（100g）
トマトケチャップ…大さじ 2
ウスターソース…小さじ 1

1 トマトを 1cmの角切りにして小さめのボウルに入れ、残りの材料を加えて混ぜる。

➡ P44（ポークスパイスカレー）

カチュンバル

材料（作りやすい分量）
きゅうり…1 本（100g）
トマト…1 個（120g）
紫玉ねぎ…1/4 個（50g）
A
クミンパウダー…小さじ 1/2
塩…小さじ 1/2
レモン汁…小さじ 2 ～大さじ 1

1 野菜はすべて 7㎜角に切る。
2 ボウルに 1 を入れ、A を加えてよく混ぜる。
※冷蔵庫で 3 日ほど保存可能。

➡ P57

きんとき豆の甘煮

材料（作りやすい分量・でき上がり約 700g）
きんとき豆…250g
砂糖…150 ～ 180g
塩…小さじ 1/2 強
口径 18cm(底径 12cm) 片手鍋(容量 2.0ℓ)

1 きんとき豆は洗って鍋に入れ、たっぷりの水を加えてひと晩（6 ～ 8 時間）おく。
2 1 の鍋を中火にかけて煮立ったらアクを取り、蓋をする。**とろ火**にして柔らかくなるまで煮る。所要時間は豆によって差があるが 1 時間～ 1 時間 30 分ほど。
3 途中、水分が少なくなったら水を足す。煮上がり目安は、鍋を傾けてようやく水分が見える程度（ひたひたよりさらに少ない）。
4 半量の砂糖、塩を加え、砂糖が溶けるまで**弱火**で 15 分、蓋をしないで煮る。残りの砂糖を加え煮汁がほとんどなくなるまで煮詰めて味を含ませる。
甘味をなじませるため 1 日ほどおいたほうが断然おいしい。これは煮豆全般に言えること。

➡ P62

ほうれん草の白和え

材料（2 ～ 3 人分）
こんにゃく…小 1/2 枚（40g）
にんじん…1/4 本（40g）
A
だし…50mℓ
塩…小さじ 1/4
みりん…小さじ 1
醤油…少々
ほうれん草…1 束（100g）
豆腐（絹ごし）…100g
B
マヨネーズ…大さじ 1/2
白すりごま　大さじ 1
砂糖…小さじ 2
塩…小さじ 1/4 弱
口径 18cm(底径 12cm) 片手鍋(容量 2.0ℓ) ふたつ

➡ P24（ハンバーグ）

にんじんグラッセ

材料（作りやすい分量）
にんじん…1 本（160g）
A
砂糖…大さじ 1/2
バター…大さじ 1/2（約 6 g）
塩…小さじ 1／4
口径 18cm(底径 12cm) 片手鍋(容量 2.0ℓ)

1 にんじんは皮をむいて太いところは縦 2 ～ 4 つに切り、1cm幅に切る。
2 鍋に 1 と A、水 100mℓ（にんじんがひたひたになるよう加減する）を入れ、アルミ箔で落とし蓋をし、**中火弱**で約 13 分、ほとんど水分がなくなるまで煮たら、落とし蓋を取り、つやが出るように水分を蒸発させる。

さやいんげんの塩ゆで

材料（作りやすい分量）
さやいんげん…100g
塩…適量
口径 18cm(底面 12cm) 片手鍋(容量 2.0ℓ)

1 さやいんげんは上下を切り落とし、太いものは縦半分に切る。
2 鍋に湯を沸かし、塩味を感じるくらいの塩を加え**中火弱**で少し柔らかめにゆでる。

➡ P25（れんこんバーグ照り焼き風）

きのこのソテー

材料（作りやすい分量）
きのこ（椎茸など、好みのもの）…100g
バター…大さじ 1/2（約 6 g）
塩…少々
25cmフライパン

1 きのこは大きいものは縦 2 ～ 4 つに切る。
2 フライパンにきのこと塩、バターを入れ、**中火**でしんなりするまで炒める。

➡ P28（めばるのポワレ）

クイックラタトゥイユ

材料（作りやすい分量）
玉ねぎ、赤パプリカ、ズッキーニ、なす、ミニトマト…各 50g
オリーブ油…大さじ 2
にんにく…1/4 片
ローリエ…1/2 枚
塩…小さじ 1/3
口径 18cm(底径 12cm) 片手鍋(容量 2.0ℓ)

1 野菜はそれぞれ 1cmの角切りにする。ミニトマトは縦四つ割りにする。
2 鍋にオリーブ油を入れて**中火**にかけ、ミニトマトを除く野菜とにんにく、ローリエを加えてしんなりするまで炒める。
3 ミニトマトと塩を加え水分を飛ばし、野菜が柔らかくなるように炒め合わせる。

脇 雅世　Masayo Waki

料理家。東京生まれ。1977年に渡仏し、ル・コルドン・ブルーやマキシム・ド・パリなどで学ぶ。1981年より10年間、24時間耐久カー・レース「ル・マン」にマツダ・レーシングチームの料理長として参加。1984年に帰国、服部栄養専門学校国際部ディレクターに。1991年より「脇 雅世料理教室」を主宰。雑誌やテレビなどのメディアで和洋中の幅広いレシピを紹介する一方、ＩＨクッキングヒーターや低温調理器の使いこなしを分かりやすく提案し、家庭料理にも調理科学に基づく考え方の必要性を提唱する。そのバックボーンからＩＨ用調理器具を貝印株式会社と共同開発し、2008年よりo.e.c.シリーズを展開している。2014年、フランス農事功労章を受章。著書多数。近著に『いちばん親切でおいしい 低温調理器レシピ』（世界文化社）がある。

本書の調理アシスタントを務めた長女・岩下 銀さん（右）と次女・加藤巴里さん（左）とともに。料理研究家としてスタートした巴里さんは、脇 雅世さんと母娘ユニットでも活躍中。母娘のHP〈WAKI × PARI オンライン料理サロン〉では会員向けに料理動画を配信している。https://www.trois-soeurs.online/

協力
◉貝印株式会社
https://www.kai-group.com/
◉パナソニック株式会社
https://sumai.panasonic.jp/ihcook/

調理◉脇 雅世
調理アシスタント◉岩下 銀　加藤巴里
器コーディネート◉本郷由紀子
撮影◉西山航（世界文化ホールディングス　写真部）
ディレクション◉後藤晴彦
ブックデザイン◉岩間佐和子
DTP 制作◉株式会社明昌堂
校正◉株式会社円水社
編集協力◉河合寛子
◉株式会社ウイープラネット
編集部◉川崎阿久里

いちばん親切でおいしい
ＩＨクッキング・レシピ

発行日　2023年2月15日　初版第1刷発行

著者　脇 雅世
発行者　竹間 勉
発行　株式会社世界文化ブックス
発行・発売　株式会社世界文化社
〒102-8195　東京都千代田区九段北4-2-29
電話　編集部03（3262）5129
販売部03（3262）5115

印刷・製本　株式会社リーブルテック

ISBN978-4-418-22314-5